L'EDUCATION DE L'EPAGNEUL BRETON

Toutes les astuces pour un Epagneul Breton bien éduqué

Mouss Le Chien

ISBN : 978-2-38176-105-3
Dépôt légal : novembre 2021

Au programme

Avant-propos

Avant tout, nous voulons vous remercier d'avoir choisi notre ouvrage pour démarrer ou approfondir l'éducation de votre Epagneul Breton.

Notre objectif est de vous apporter une vue d'ensemble des comportements à adopter avec votre compagnon à quatre pattes, mais aussi et surtout de vous informer sur les pièges à éviter en matière d'éducation.

Afin de vous donner toutes les clés essentielles pour que votre relation avec votre chien soit la plus harmonieuse possible, nous vous aidons point par point autour de différentes thématiques. Des conseils avisés sont divulgués au fil des pages pour vous permettre de vous rapprocher de votre compagnon. En suivant ces astuces, vous aurez une meilleure compréhension de votre chien pour vous permettre d'installer une relation de confiance et de complicité avec votre Epagneul Breton. Bien dans son corps et dans sa tête, votre chien est plus à même d'être à l'écoute de vos demandes. Son éducation en sera simplifiée.

Dans la première partie du livre, nous vous présentons les origines du Epagneul Breton, ses caractéristiques physiques et son comportement. Vous y retrouverez également des conseils en matière d'éducation, de santé et d'adoption.

Dans la seconde partie du livre, plusieurs fiches pratiques vous aident à mettre en place une éducation positive, à gérer ses réactions et à lui apprendre les bases en matière de comportement canin et de vie en société. Une grande variété de situations est décrite, avec des solutions, des astuces et des conseils sur le meilleur comportement à adopter avec votre chien. Ces fiches vous donnent toutes les clefs pour construire une relation de confiance avec votre compagnon à quatre pattes. Les dernières fiches pratiques vous permettent même d'enseigner des tours à votre chien. Parmi ces tours, vous pouvez notamment enseigner à votre compagnon à ranger ses jouets ou bien à rouler.

Nous espérons vous donner plein d'idées pour faire un maximum d'activités créatrices en lien avec votre Epagneul Breton.

N'hésitez pas à lire en diagonale les différentes parties du livre sur lesquelles vous avez déjà des connaissances et à vous attarder sur les points qui vous questionnent ou que vous n'avez jamais abordés.

Servez-vous de ce guide comme d'un manuel et piochez au quotidien les infos pratiques en fonction de vos besoins.

Gardez-le près de vous, vous pourriez bientôt en avoir besoin !

Bonne lecture.

L'équipe de Mouss Le Chien

L'Épagneul Breton

Comme le dirait le Club officiel de l'Épagneul Breton, ce petit chien d'arrêt possède « un maximum de qualités pour un volume minimum ». Cette devise décrit parfaitement ce chien qui excelle autant dans les activités de chasse que comme compagnon pour les familles actives. Affectueux, dynamique et sociable, on ne se demande pas pourquoi il est le toutou français le plus répandu dans le monde.

ORIGINE DE L'EPAGNEUL BRETON

L'Épagneul Breton, comme son nom l'indique, est un pur produit de la France. Mais si l'on est sûr de ses origines bretonnes, la création de cette race présente toutefois quelques mystères. Aujourd'hui, trois théories tentent d'expliquer l'historique de ce petit chien de chasse :

1. **Une importation celte** : la première hypothèse suppose qu'il descendrait d'une ancienne race (l'Agasse) importée par les Celtes en Armorique au premier siècle. Il se serait ensuite croisé avec des races bretonnes.
2. **Une origine moyenâgeuse** : une seconde hypothèse, plus réputée, prétend que l'Épagneul Breton descendrait du chien d'Oysel, race utilisée pour la chasse au petit gibier durant le Moyen-âge. Cette théorie se base sur les écrits de Gaston Phébus datant du XVe siècle.
3. **Des croisements datant du XIXe siècle** : des experts maintiennent cependant que cette race serait plus récente. Ils affirment ainsi que ce chien d'arrêt serait un produit d'un croisement entre des setters anglais et des chiens rustiques bretons, très populaires dans la commune de Callac. C'est pourquoi, aujourd'hui, cette ville est connue pour être la capitale de l'Épagneul Breton.

Chez Mouss, nous ne prenons pas position, même si l'on peut facilement imaginer que chaque théorie détient une part de vérité. Une chose est sûre, au XIXe siècle, les Bretons utilisaient pour la chasse un canidé, appelé « Courton », avec une construction voisine de celle de notre épagneul moderne. Très populaire chez les paysans et les braconniers, cette race était utilisée pour sa petite taille, son courage et sa rusticité. L'efficacité de ce chien finit rapidement par séduire un public plus aisé. Même si le standard n'était pas encore fixé, on peut dire que l'Épagneul Breton existait déjà à cette époque.

En 1896, le Vicomte de Cambourg décide de présenter son spécimen à l'exposition de Paris. Malheureusement, il recevra un accueil mitigé de la part des juges et participants.

Son chien ne gagnera d'ailleurs aucun prix. Heureusement, cet échec ne dissuada pas les éleveurs et passionnés de la race à parfaire les caractéristiques de leurs portées.

C'est ainsi qu'en 1904, un Épagneul Breton remportera sa première « mention très honorable » de la part des juges à Paris. En 1906, l'exposition canine de Toulouse va même créer une catégorie ciblée sur ce chien d'arrêt. Il faudra pourtant attendre l'année d'après pour que le premier Club voit le jour, officialisant ainsi la race.

De nos jours, l'Épagneul Breton fait partie intégrante du patrimoine français. Il est considéré, dans les cercles de chasse, comme la valeur de référence des chiens d'arrêt continentaux.

PHYSIQUE DE L'ÉPAGNEUL BRETON

Souvent confondu avec le Springer Anglais, l'Épagneul Breton possède pourtant des caractéristiques uniques. Doté d'une silhouette élégante et d'une carrure solide, les spécificités physiques de cette race sont fascinantes. Venez les découvrir avec nous !

CLASSIFICATIONS

Les races de chien sont classifiées en plusieurs groupes par des organisations cynophiles selon leur fonction et leur morphologie. Cette catégorisation s'opère différemment selon le continent, même si une nomenclature est utilisée au niveau mondial afin d'obtenir une certaine homogénéité. La Fédération Cynologique Internationale (FCI), qui est la principale organisation cynologique dans le monde, fait office de référence internationale dans le milieu cynophile.

CLASSIFICATIONS FCI

La Fédération Cynologique Internationale reconnaît actuellement 347 races classées en 10 groupes sous-divisés en sections et en sous-sections. La FCI a basé son classement sur des critères aussi bien morphologiques que fonctionnels propres au chien. Ci-dessus le tableau récapitulatif :

Groupe 1	Chiens de Berger et de Bouvier (sauf chiens de bouvier suisses)
Groupe 2	Chiens de type Pinscher et Schnauzer - Molossoïdes - Chiens de Montagne et de Bouvier Suisses et Autres Races
Groupe 3	Terriers
Groupe 4	Teckels
Groupe 5	Chiens de Type Spitz et de Type Primitif
Groupe 6	Chiens Courants, Chiens de Recherche au Sang et Races Apparentées
Groupe 7	Chiens d'Arrêt
Groupe 8	Chiens Rapporteurs de Gibier - Chiens Leveurs de Gibier - Chiens d'Eau
Groupe 9	Chiens d'Agrément et de Compagnie
Groupe 10	Lévriers

Sans surprise, l'Épagneul Breton est classé dans le groupe 7, celui des chiens d'arrêt.

Dans le groupe 7, il fait partie de la section 1.2. Cette section réunit les chiens d'arrêt continentaux, type épagneul. L'Épagneul est avec épreuve de travail.

AUTRES CLASSIFICATIONS

Clubs	Dénomination du groupe
American Kennel Club	Sporting group
UK Kennel Club	Groupe 4 - Gun Dog group (chien de chasse)
Canadian Kennel Club	Groupe 1 - Chien de sport
Australian National Kennel Club	Groupe 3 - Gundogs

MENSURATIONS

La taille et le poids de votre chien varient selon qu'il soit un mâle ou une femelle. Voici un tableau qui montre la taille de l'Épagneul Breton tel que la FCI le définit :

Sexe	Hauteur au garrot (définie par la FCI)	Poids (à titre indicatif)
Femelle	46 à 51 cm	13 à 19 kg
Mâle	47 à 52 cm	13 à 19 kg

CARACTERISTIQUES PHYSIQUES (STANDARD FCI N° 95)

L'élégance de l'Épagneul Breton accroche tout de suite le regard. Considéré comme le plus petit des chiens d'arrêt, il a une carrure solide et compacte, sans être grossier. Sa morphologie bréviligne est typique de la race. Le corps de cet épagneul est inscrit dans un carré avec une large poitrine descendue jusqu'au niveau de la pointe du coude. Son dos court se prolonge sur une ligne droite avant de s'incliner légèrement à la naissance de la croupe. Ses côtes allongées sont bien souples, et son ventre est quelque peu relevé. Agile et dynamique, sa démarche présente une puissance remarquable au galop et une souplesse extraordinaire.

Tête : l'Épagneul Breton présente une tête bien ciselée et harmonieuse.

- Crâne : large et plus long que le chanfrein, il est arrondi avec modération et présente un sillon médian peu prononcé. Ses faces latérales sont légèrement rebondies vus de dessus. Ses arcades sourcilières présent une courbe timidement arrondie.
- Stop : il est en pente douce et est peu accentué.
- Truffe : bien large avec des narines développées, sa couleur s'adapte à la couleur de la robe.
- Chanfrein : il est nettement droit.
- Lèvres : elles sont fines et non pigmentées.
- Mâchoires et dents : cet épagneul a une denture complète et solide articulée en ciseaux.
- Joues : elles ne sont pas saillantes.
- Yeux : positionnés de manière oblique et de forme ovale, leur couleur varie en fonction de la robe même s'ils sont généralement foncés.
- Oreilles : plus larges et courtes, elles sont attachées haut et de forme triangulaire. Elles sont tombantes.

Cou : solide et assez galbé, il est en forme de tronc de cône. Il est d'une longueur moyenne et ne présente aucun fanon.

Membres antérieurs : d'aplomb et solides, les articulations y sont bien souples.

- Épaules : sa longueur représente 30% de la hauteur au garrot. Bien fléchie, elle affiche une angulation comprise entre 55° et 60° sur l'horizontale.
- Bras : ils sont larges et robustes. L'angulation scapulo-huméral varie entre 115° et 120°.
- Avant-bras : plus longs que les bras, ils sont presque verticaux.
- Métacarpes : quelque peu oblique, leur angulation est comprise entre 10° et 15° sur la verticale.
- Pieds antérieurs : l'Épagneul Breton a des pieds ronds avec des phalanges nettement compactes. Ses coussinets sont robustes et ses ongles courts.

Membres postérieurs : bien droits, ils sont parallèles entre eux vus de dos.

- Cuisses : elles sont larges avec une musculature saillante. L'angulation par rapport à l'horizontale varie entre 70° et 75°.
- Jambes : elles sont plus longues que la cuisse. Même si la partie supérieure est bien développée, la largeur se réduit peu à peu jusqu'à l'articulation du tarse. Il est important que l'angulation entre le fémur et le tibia se rapproche des 130°.
- Jarrets : les tendons sont bien visibles.
- Métatarses : ils sont verticaux vus de profil.
- Pieds postérieurs : ils sont plus longs que les pieds antérieurs, mais gardent les mêmes caractéristiques que ces derniers.

Queue : attachée haut, elle peut être tombante ou portée à l'horizontale. Cette race peut naître sans queue ou avec une queue diminuée (anourie ou brachyourie). Si la longueur de la queue ne doit jamais dépasser 10 cm, lorsqu'elle est coupée, sa longueur devrait être comprise entre 3 et 6 cm.

Peau : elle est fine et pigmentée.

Robe : l'Épagneul Breton a un poil plat, légèrement ondulé et assez fin sur tout le corps. Le pelage est toutefois ras sur la tête et la face antérieure des membres. On observe d'ailleurs une belle touffe de poils avec des franges sur les membres.

Jamais uniforme, la robe peut être blanche avec trois autres couleurs : orange, noir ou marron. Ces chiens peuvent également arborer une robe pie ou rouannée avec quelques mouchetures sur le chanfrein, ses lèvres et ses membres.

DEFAUT ENTRAINANT L'EXCLUSION DU STANDARD

La connaissance des particularités physiques de l'Épagneul Breton nous aide à le reconnaître, mais savoir quels sont ses défauts peut aussi être important. Connaître ceux qui entraînent la disqualification du chien nous permet de faire le bon choix pour les concours ou la reproduction.

Si vous préférez vous consacrer à votre chien sans vous soucier des détails techniques des standards de la race, passez vite à la suite ! Un chien qui a des défauts par rapport au standard reste néanmoins un excellent compagnon.

Certains écarts sont pénalisants pour l'Épagneul Breton qui sera non conforme au standard. La gravité du défaut sera jugée en fonction de l'impact qu'il aura sur la santé et le bien-être du chien.

Défauts :

- ⊗ Un épagneul timide
- ⊗ Des lignes de têtes divergentes
- ⊗ Dépigmentation de l'intérieur des narines
- ⊗ Une denture non articulée en ciseaux ou mal implantée
- ⊗ Un chanfrein pincé ou en sifflet

- Des lèvres trop développées, lâches, trop ou peu descendues
- Des yeux avec une forme ne respectant pas le standard
- Des oreilles manquant d'attache ou attachées bas
- Un abdomen levretté ou trop large
- Des pieds écrasés, excessivement longs ou ronds
- Un cou manquant de longueur, présentant un fanon ou empâté
- Des membres à l'ossature faible
- Des coudes décollés
- Un épagneul panard ou cagneux
- Un pelage trop court sur le corps

Défauts graves :

- Un chien manquant de volonté, de dynamisme ou trop paresseux
- Des arcades zygomatiques et sourcilières trop prononcées
- Un stop excessivement marqué
- Des yeux de couleur clair ou manquants de douceur
- Un cou trop long avec la présence de fanon
- Une démarche manquant de souplesse

Défauts entraînant l'exclusion de la race :

- Un Épagneul Breton jugé agressif ou angoissé
- Toute forme d'anomalie physique ou comportementale
- Un épagneul manquant de caractéristiques typiques à la race
- Une taille ne respectant pas le standard
- Présence de panachures anormales sur la robe (ex : taches blanches sur les oreilles)
- Un sujet hétérochrome ou présentant un strabisme, de l'entropion ou de l'ectropion
- Des mâchoires présentant un prognathisme

- Une denture incomplète
- Une truffe ou des paupières présentant des taches de ladre
- Un sujet présentant un ergot sur ses membres

COMPORTEMENT DE L'ÉPAGNEUL BRETON

Ce chien d'arrêt polyvalent jouit d'une grande popularité auprès des familles françaises. Rien de bien étonnant lorsqu'on se penche sur ses nombreuses qualités : doux, passionné débrouillard et joyeux, l'Épagneul Breton est agréable à vivre. Très équilibré, ce compagnon à quatre pattes s'adapte à toutes les situations.

SON CARACTERE

Difficile de décrire le caractère de cet épagneul sans mentionner son fort instinct de prédation. Passionné par la chasse, ce chien d'utilité s'avère efficace dans le pistage, l'arrêt et le rapport. Ce trait de personnalité se retrouve même chez les sujets ne pratiquant pas cette discipline. Toujours à l'affût d'une odeur ou d'une piste intéressante, il peut finir par fuguer si l'on peine à satisfaire ce besoin très prononcé chez cette race.

Cette tendance à fuguer est d'ailleurs l'inconvénient principal de ce chien. Son maître doit prendre en compte ce point en l'adoptant : veillez à bien sécuriser votre domicile et votre jardin pour éviter les accidents. S'il n'a pu se dépenser olfactivement et physiquement, il risque de tenter sa chance loin de votre présence.

Mais ce détail déplaisant peine à rivaliser avec les multiples qualités qui font de ce chien un compagnon idéal : affectueux et loyal, l'Épagneul Breton voue un amour inconditionnel pour son maître.

Dynamique, sa vitalité enchante les membres de son groupe social. Il faut dire que ce petit épagneul est toujours partant pour une activité physique ! Mais son tempérament équilibré lui permet de canaliser son énergie quand la situation le demande. Ainsi, s'il se montre motivé et infatigable sur les terrains de chasse, il peut également rester calme dans son panier à dormir pendant de longues heures.

Très indépendant au travail, son autonomie est un véritable atout durant les parties de chasse. Pourtant, à la maison, il se révèle plus tributaire de son maître. Son amour pour lui le pousse, par moments, à quémander énormément d'attention. Heureusement, cela ne vire jamais à l'obsession ni à un hyperattachement. L'Épagneul Breton n'est pas un pot de colle : la solitude ne l'effraie pas. Par contre, s'il n'est pas suffisamment dépensé, il peut avoir des comportements destructeurs durant vos absences.

COMPORTEMENT EN VIE DE FAMILLE

Développé pour la chasse, il n'en est pas moins un excellent chien de famille. Idéal pour les personnes actives, son foyer adoptif doit pouvoir lui proposer des loisirs de plein air pour défouler son énergie débordante.

Né pour vivre à la campagne, il sera plus à l'aise en milieu rural qu'en milieu citadin. Mais étant polyvalent, il peut vivre en ville à condition que ses maîtres le stimulent suffisamment : les randonnées dominicales et autres sorties dans les grands espaces seront au rendez-vous.

Peu adapté à une vie en appartement, l'Épagneul Breton a besoin d'un grand jardin pour se dégourdir les pattes.

COMPORTEMENT AVEC LES ENFANTS

Il déborde de vitalité et de joie de vivre. Sa personnalité enjouée fera le bonheur des plus jeunes avec qui il appréciera de partager des moments ludiques. Naturellement, et étant donné sa taille, quelques règles de vie s'imposent avant toute interaction. Les enfants, tout comme l'épagneul, doivent apprendre à s'apprivoiser.

ÉVITER LES ACCIDENTS

Pour éviter les accidents et pour garantir une bonne cohabitation, nous vous conseillons en plus d'une bonne éducation de :

- Superviser les interactions entre le chien et les enfants, surtout ceux en bas âge

- Exposer le chiot à des enfants de tout âge
- Habituer le chiot à jouer paisiblement avec des enfants le plus fréquemment possible
- Enseigner les codes canins aux enfants pour qu'ils adoptent les bons gestes

BIEN EXPLIQUER AUX ENFANTS

Avant de jouer ou d'interagir avec un chien, vous devez impérativement enseigner à vos enfants les bons gestes à adopter pour permettre une interaction saine entre l'enfant et l'animal :

- Le chien n'est pas un jouet ! Il faut que les enfants apprennent à être doux avec lui avant de s'amuser ensemble. Beaucoup d'enfants ne réalisent pas que ces êtres à quatre pattes ressentent de la douleur et ont tendance à les blesser sans s'en rendre compte. L'adulte doit bien faire comprendre à l'enfant qu'un chien ne peut être monté, pincé ou frappé. Cette règle est d'autant plus importante pour les chiots qui sont encore très fragiles.
- Leur apprendre à demander la permission à un adulte avant d'interagir et de jouer avec le chien d'un inconnu. Tous les chiens ne sont pas tolérants et amicaux...
- Toujours donner de l'espace au chien. Ne laissez pas vos enfants l'embêter lorsqu'il est visiblement occupé à manger ou à dormir.
- L'enfant doit également apprendre à se canaliser avant toute interaction. Le chien peut facilement devenir imprévisible face à une situation trop excitante pour lui.

COMPORTEMENT AVEC LES AUTRES CHIENS

Cet épagneul séduit par sa grande sociabilité. Cela se retrouve également avec ses congénères. Ce chien de chasse s'entend à merveille avec ses camarades à quatre pattes. Mais bien évidemment, une socialisation de qualité est de rigueur afin d'encourager ce trait de caractère. Favorisez les rencontres interspécifiques dès son plus jeune âge pour que votre Épagneul Breton puisse acquérir les bons codes canins.

COMPORTEMENT AVEC LES ETRANGERS

Jamais agressif, l'Épagneul Breton se montre amical envers les inconnus. Toutefois, il arrive que certains individus se montrent assez méfiants au premier abord. Mais une fois tout soupçon de menace écarté, il retrouve sa douceur.

Même si ce chien est peu aboyeur, il n'hésitera pas à donner de la voix en cas d'intrusion. Cela fait de lui un excellent chien d'alerte.

L'EDUCATION DE L'ÉPAGNEUL BRETON

L'Épagneul Breton est une race docile et très intelligente. Ainsi, son éducation ne devrait pas vous poser problème. Très sensible, ce chien requiert des méthodes douces basées sur le renforcement positif. Oubliez tout de suite les outils coercitifs célébrés dans les cercles de chasse (ex : collier électrique) ! Pour réussir son apprentissage, rien de mieux que les encouragements et la patience. Que vous soyez dans l'optique d'en faire un chien de chasse ou un simple compagnon, respectez la sensibilité de votre chien.

ACCUEILLIR SON CHIEN

Recueillir un chiot ou un chien chez soi n'est pas une chose qui s'improvise. Nous vous conseillons vivement de préparer votre domicile et d'acheter les accessoires nécessaires pour garantir un excellent accueil à votre nouveau compagnon.

Bon à savoir : nous vous recommandons de ne pas séparer trop tôt le chiot de sa mère. Même si l'âge minimum conseillé est de 8 semaines, le mieux est d'attendre qu'il atteigne sa 12ème semaine pour que sa mère puisse lui enseigner ses premières notions de socialisation et de langage canin. Un chiot séparé trop tôt est susceptible de développer des problèmes comportementaux.

LE COUCHAGE

Le premier point à attaquer concerne le lieu de couchage : réservez-lui une place précise dans votre domicile. Ce lieu doit être loin des passages ou en hauteur et devra, si possible, être calme et sécurisé.

Il est préférable de faire dormir à l'intérieur le chiot, le chien malade ou affaibli, tout comme le chien âgé.

À l'arrivée du chiot, le changement d'environnement pouvant être très brutal, beaucoup de maîtres préfèrent le laisser dormir avec eux, voire même laisser le chiot partager leur lit. C'est un choix qui ne tient qu'à vous, mais il faut bien prendre en compte que l'option choisie sera souvent définitive : si un chiot a été habitué à dormir avec vous, le changement de cette habitude risque d'être ensuite très difficile.

Astuces pour les premières nuits :

- Mettre une bouillotte dans son panier comme source de chaleur, cela lui rappellera le contact de sa mère et de sa fratrie.
- Essayer de rendre son lieu de couchage familier : demandez à l'éleveur s'il est possible de ramener un tissu qui rappellerait au chiot son ancien lieu de couchage.

De nos jours, plusieurs choix de couchage s'offrent à vous. Que ce soit un panier, un tapis ou des coussins, l'objectif est de lui offrir un support confortable, pratique et solide. Son couchage devrait être adapté à sa morphologie et facile à nettoyer.

SECURISATION DU DOMICILE

Le second point à prendre en compte est la sécurisation de votre domicile : on ne réalise pas toujours que notre logement regorge de dangers pour le chien. Que ce soit des fils électriques qui dépassent ou ces jolies plantes dans notre salon qui se trouvent être toxiques, nous vous conseillons de faire une liste comportant les risques possibles pour ne rien oublier. Il faut absolument créer un environnement sûr pour votre ami canidé. Le mieux est encore de restreindre certaines pièces au chien durant ses premiers mois au sein de votre foyer pour éviter les accidents.

LES ACCESSOIRES

Le dernier point est ciblé sur les accessoires indispensables pour le bien-être de ce nouveau membre de la famille :

- Les gamelles d'eau et de nourriture : elles doivent déjà être prêtes avant l'arrivée du chiot ou du chien dans votre domicile. Il vaut mieux éviter les modèles en plastique facilement destructibles. Le mieux est d'acheter une gamelle en inox ou en céramique.
- La laisse et le collier : un chiot grandit vite ! Privilégiez donc les modèles ajustables et dans la mesure du possible, nous vous conseillons d'acheter un collier fait d'une matière confortable et ne le gênant pas
- Les jouets : loin d'être des achats inutiles, les jouets sont essentiels dans la création et le développement du lien de complicité entre le chien et le maître.

SES APTITUDES

Développé spécialement pour la chasse, l'Épagneul Breton est encore aujourd'hui utilisé pour traquer les petits gibiers. En France, on l'apprécie particulièrement pour la chasse au canard. Il faut dire que ce chien d'arrêt continental démontre de nombreuses qualités naturelles pour exceller dans cette tâche : rapide, endurant et motivé, il est également doté d'aptitudes remarquables pour le rapport.

Si vous souhaitez faire travailler votre épagneul, assurez-vous qu'il provienne d'une bonne lignée de travail. Puis, entre son 6e et 36e mois, faites-lui passer le Test d'Aptitudes Naturelles (TAN). Ce test permet d'évaluer l'avidité du chien à la chasse ainsi que son intérêt pour le gibier. Les chiens passant le test devront se montrer assurés face à diverses situations.

Les épreuves se dérouleront sur un terrain couvert et d'une superficie importante afin de permettre au gibier à plumes de se cacher. Un ou deux juges seront présents pour évaluer les qualités de l'Épagneul Breton. Une fois le gibier lâché, le chien aura 5 à 10 minutes pour aller à son encontre. Le chien sera jugé selon 3 critères :

1. **La recherche** : on jugera la passion et la motivation du chien à rechercher le gibier.
2. **L'arrêt** : le chien doit absolument arrêter une pièce de gibier à plumes durant son parcours. Il sera également évalué sur sa capacité à effectuer un arrêt hors vue.
3. **L'équilibre** : on évaluera également son tempérament et son assurance. L'épagneul doit se montrer serein lors des coups de feu. Toute manifestation de crainte ou de stress équivaut à un échec du test.

Seuls les chiens ayant rempli ces trois critères pourront obtenir le TAN. En cas d'échec, l'épagneul aura alors jusqu'à son 36e mois pour repasser l'examen.

COMMENT L'EDUQUER ETAPE PAR ETAPE ?

La réussite de l'éducation de l'Épagneul Breton repose sur le niveau de complicité entre le maître et le chien. Sans cela, il peine à montrer tout son potentiel. Établissez donc une forte connexion avec votre chien avant de vous atteler aux exercices plus poussés. Mais une fois le lien de confiance développée, vous serez vite surpris par sa docilité et sa facilité à assimiler les règles et les commandes.

Supportant très mal la violence et les gestes brusques, l'éducation positive est de rigueur chez cette race. Utilisez les encouragements et les récompenses pour le motiver. De même, étant très enjoué, faites toujours preuve d'enthousiasme lors des séances d'apprentissage. Votre chien associera ainsi les exercices à des émotions positives.

Très observateur et doté d'une excellente mémoire, son maître doit se montrer cohérent. Adoptez les mêmes règles tout au long de sa vie pour ne pas créer chez lui de mauvaises habitudes. Si vous laissez passer un comportement indésirable ici et là, il risque de réitérer ce comportement dans le futur. Et il est bon de garder à l'esprit que les mauvaises habitudes prennent du temps à être corrigées.

Le point à encourager tout au long de son éducation est la socialisation. Le standard de la race accorde une grande importance à la douceur et à l'amabilité de cet épagneul. Assurez-vous ainsi qu'il s'entende avec tout type de personnes et d'espèces, et plus particulièrement les chiens. Encouragez les rencontres et faites-lui découvrir différents environnements. De même, exposez-le à divers bruits. Ces nouvelles découvertes l'aideront à être à l'aise peu importe la situation.

ÉDUQUER UN CHIOT ÉPAGNEUL BRETON

Dès son arrivée chez vous, débutez l'éducation de votre chiot. Commencez par lui apprendre à être propre et à répondre à son nom. Puis, passez les prochains mois à consolider les bases de l'éducation avec les commandes « Assis », « Debout », « Couché », « Pas bouger » ou « Pas toucher ». Insistez également sur l'apprentissage de la marche au pied avec ou sans laisse.

La maîtrise du rappel peut prendre du temps chez ce chien de chasse. Si vous comptez chasser avec votre épagneul, habituez-le très tôt à réagir au sifflet. Cela vous évitera de vous casser la voix lors des longues parties de chasse.

ÉDUQUER UN JEUNE ÉPAGNEUL BRETON

Selon l'individu, l'étape de l'adolescence peut passer inaperçu ou au contraire rendre chèvre le maître. Certains Épagneuls Breton présentent une attitude plus rebelle durant cette période. Désobéissant et indépendant, il cherche à tester le degré de flexibilité des membres de son groupe social. Pour beaucoup, cette phase peut être difficile à supporter. Heureusement, elle est temporaire !

LA CRISE D'ADOLESCENCE CHEZ LES CHIENS

La période d'adolescence chez le chien arrive à l'âge de 6 à 8 mois et peut continuer jusqu'à ses 18 mois. À cause des hormones, des changements physiologiques peuvent se produire comme la peur nouvelle ou une augmentation de confiance. Si le chien ne parvient pas à gérer les crises engendrées par ces changements, il pourrait développer des comportements auxquels son maître ne s'attend pas.

COMMENT L'ABORDER ?

Assurez-vous que les changements comportementaux ne résultent pas d'une pathologie. Commencez par vous rapprocher de votre vétérinaire. Si tout semble aller de ce côté-là, notre meilleur conseil est de canaliser son énergie. N'oubliez jamais que vous avez affaire à un chien d'utilité. Il a donc un fort besoin en activités physiques. D'autant plus durant cette période difficile ! Proposez-lui des sorties plus longues pour le dépenser, ou inscrivez-le à des disciplines sportives. Si tous ses besoins sont comblés, votre compagnon a moins de chance de vous mener la vie dure.

Dans le cas où la sanction ne fonctionne pas chez votre chien, n'hésitez pas à faire appel à un éducateur ou comportementaliste canin pour vous aider.

ÉDUQUER UN ÉPAGNEUL BRETON ADULTE

Votre persévérance devrait payer une fois votre chien adulte : obéissant et agréable à vivre, vous êtes partis pour partager de belles aventures !

Si vous comptez adopter un Épagneul Breton adulte, il faudra sûrement reprendre les bases de l'éducation. Nous vous conseillons également de vous renseigner sur son passif. Cela vous permettra d'adapter vos méthodes à la personnalité de votre nouveau compagnon. Même si l'éducation prendra plus de temps que chez le chiot, cet épagneul brille par son intelligence. L'adulte devrait donc bien assimiler vos commandes.

ÉDUQUER UN ÉPAGNEUL BRETON POUR LA CHASSE

La première règle à respecter est la patience. On comprend qu'il est tentant de faire travailler au plus vite votre Épagneul Breton, pourtant cela s'avère contre-productif. Jusqu'à son 4e mois, concentrez-vous uniquement sur les bases de l'obéissance. La précipitation risque d'entacher la passion de votre chien pour la chasse. Nous vous recommandons de ne débuter réellement l'éducation de votre épagneul qu'après une première saison de chasse : il y a de fortes chances qu'il ne vous rapporte rien du tout, mais sa passion ainsi que son flair pourront véritablement s'exprimer. C'est également l'occasion pour vous d'évaluer le potentiel de votre partenaire à quatre pattes.

À partir de ses 5 ou 6 mois, emmenez-le chasser avec vous afin qu'il puisse s'habituer à son gibier de prédilection ainsi qu'à tout type de biotope. Pour motiver votre chien, choisissez des territoires giboyeux afin d'éveiller son instinct de prédation. Plus il rencontrera de gibiers, plus il sera passionné. Ces sorties régulières permettront à votre chiot de travailler son odorat, de connaître et de sentir son gibier.

Bon à savoir : tant qu'il n'a pas terminé sa croissance, évitez de trop dépenser votre Épagneul Breton. Cela risquerait d'impacter son développement physique.

Une fois ces premières étapes effectuées, il est temps de se concentrer sur l'arrêt. Votre jeune épagneul s'agitera instinctivement en présence d'une émanation. Le but de l'exercice est de lui apprendre à s'arrêter face à l'émanation et d'indiquer à son conducteur l'emplacement de la proie. Cette action de s'immobiliser avant l'envol de l'oiseau se révélera très complexe au départ.

Il est possible de l'entraîner librement à l'aide des cailles de tir. Une autre solution plus efficace repose sur l'utilisation d'un cordeau de 3 mètres à attacher au collier du chien. Cet outil vous aidera à communiquer facilement avec votre compagnon. Ainsi, vous pourrez l'empêcher de se saisir de sa proie après l'avoir senti. Accompagnez le "freinage" d'un long "chuuut" pour l'inciter à s'immobiliser. Empêchez également le chien de bouger lorsque l'oiseau prend son envol.

Avec le temps, votre épagneul comprendra instinctivement qu'il lui faut s'arrêter et ne pas attaquer le gibier. Vous pourrez alors progressivement augmenter la distance et retirer le cordeau.

Ces quelques étapes représentent les bases pour préparer l'éducation plus poussée de votre chien de chasse. Nous vous recommandons ensuite de faire appel à un expert ou de vous inscrire à un club spécialisé.

LA VIE QUOTIDIENNE

Comme tous ses congénères, l'Épagneul Breton requiert un cadre bien défini pour faciliter son éducation et la cohabitation avec sa nouvelle famille.

ALIMENTATION

Habituer le chien à prendre ses repas à heures fixes pour éviter qu'il ne vous réclame de la nourriture lorsque vous êtes à table.

Rappel : ne jamais nourrir un chien 2 heures avant et après une activité intensive

PROMENADES

L'Épagneul Breton n'est pas du genre à se tourner les pouces. Sélectionné pour le travail, il aime être challengé. Ne vous attendez donc pas à ce qu'il se contente de courtes promenades et des séances câlin sur le canapé. Débordant d'énergie, il lui faut des longues sorties au quotidien, doublées par des activités plus intenses les week-ends.

Comptez au minimum une à deux heures de balades au quotidien. Si possible, chassez avec votre épagneul pour canaliser son fort instinct de prédation. Dans le cas où cette discipline ne vous conviendrait pas, n'hésitez pas lui proposer un sport canin.

JEUX

Jouer avec votre Épagneul Breton est une bonne façon de consolider votre complicité et vous permettra d'inculquer au chien les bons gestes quant à la gestion de soi et des ordres de renoncement (ex : "non", "laisse", "pas toucher").

Bon à savoir : achetez des jouets de qualité à votre chien pour éviter tout danger sur sa santé !

LES SPORTS CANINS QU'IL PEUT PRATIQUER

Même si l'Épagneul Breton a su se faire une place de choix dans nos familles, il reste un chien de chasse. Dynamique et débordant de vitalité, ce chien pourra évacuer son énergie grâce aux nombreuses disciplines canines qui s'offrent à lui.

La pratique d'un sport permet à votre chien de maintenir une excellente santé et de prolonger son espérance de vie. Les activités physiques vont également vous donner l'occasion de partager des moments de complicité avec votre boule de poils. Avant de dépenser physiquement votre chien, il est toutefois important de prendre en compte certains détails :

- Les exercices doivent être un processus progressif. C'est pourquoi il est recommandé de commencer par des séances courtes et d'augmenter avec le temps.
- Il faut éviter de faire du sport après que votre chien ait mangé, car cela pourrait favoriser la torsion de l'estomac.
- Évitez les exercices intenses avec les chiots, les vieux chiens, les chiennes en gestation et évidemment, avec les chiens malades.
- Choisissez les heures les plus fraîches de la journée comme l'aube ou le coucher du soleil afin d'éviter les coups de chaleur.
- Pour faire de l'exercice, privilégiez les endroits qui vous permettront de vous détendre et vous dépenser le plus positivement possible.

Canirando : cette activité vous permet de profiter d'une randonnée avec votre chien. Ce dernier portera un harnais de traction et sera relié à vous via une ligne de trait souple attachée à votre ceinture ou à votre baudrier. Le chien vous tractera donc au fil de la randonnée. La canirando fera travailler ses muscles tout en permettant d'améliorer la communication entre votre Épagneul Breton et vous. Ce sport peut se pratiquer en toute détente et n'est pas réservé qu'aux sportifs.

Canicross : contrairement au canirando, ce sport nécessite plus d'entrainement et une meilleure forme physique pour ceux qui y participent. Le canicross implique de courir avec le chien qui sera attaché au maître par une ligne de trait. Ici, les accessoires comme le harnais de traction, la ligne de trait, la ceinture ou le baudrier sont également indispensables. Initialement créée pour exercer les chiens de traîneau, cette discipline - ouverte à tous - exige un minimum de préparation physique. Certaines règles sont également à respecter : le maître ne peut jamais dépasser l'animal, il devra considérer l'épaule du chien comme limite. Le maître ne pourra également jamais tirer son compagnon à quatre pattes. Ce sport peut se pratiquer comme loisir, mais des compétitions sont également organisées partout en France.

Cani-VTT : des entraînements réguliers et adaptés sont conseillés avant de pratiquer ce sport canin qui consiste à faire du vélo avec son chien. Il pourra alors courir soit à vos côtés soit devant vous pour travailler ses capacités de traction. Pour profiter de cette discipline, il vous faudra vous fournir ces équipements dédiés à cette activité physique : un bon VTT (un vélo classique est possible), une barre fixe reliant le vélo à la laisse de votre chien, une laisse avec amortisseur, un harnais de traction adapté et des accessoires de protection :

- Pour le maître : casque, gants, lunettes
- Pour le chien : pommade pour coussinets

Ne surtout pas attacher votre chien directement au vélo, car il peut se blesser dans le cas où la laisse se prendrait dans la roue.

Cani-trottinette : faire de la trottinette avec son chien est de plus en plus répandu et permet, au même titre que les autres activités de trait, de dépenser physiquement et mentalement son chien. Il vous suffit d'avoir une trottinette adaptée (tout terrain), une laisse amortisseur qui s'imbrique dans la trottinette, une barre de traction et un harnais de traction. La protection est bien sûr de mise donc n'oubliez pas vos gants et votre casque. Comme pour le cani-VTT, un entraînement est nécessaire avant de débuter vos séances de cani-trottinette. De même, votre chien doit apprendre certaines indications utiles pour profiter d'une bonne course (ex : stop, devant, droite, gauche, doucement, etc.).

Skatejoering : cette activité s'adresse aux passionnés de patins et de skateboard. Le principe est le même que pour les autres activités de trait, ici le chien est attelé à des skates ou à des patins et court devant vous. Cette discipline requiert un équipement simple : un skateboard ou des patins, un harnais de traction et une longe adaptée. Attacher votre chien à votre taille n'est pas nécessaire, une simple prise en main de la laisse est suffisante et offre d'ailleurs plus de liberté pour effectuer des figures ou pour libérer rapidement le chien en cas de danger.

Ski joëring : ce sport d'hiver canin n'est praticable qu'en montagne et allie le ski de fond et la course canine. Le concept est simple : le skieur est relié par une longe élastique à son chien. Il vous faudra trois accessoires pour débuter : une longe amortisseur, un harnais de traction pour votre toutou et une ceinture pour l'humain.

Bon à savoir : il vaut mieux attendre la fin de la croissance de l'Épagneul Breton pour l'initier aux activités de trait. De même, la difficulté des exercices ainsi que leurs distances doivent augmenter progressivement !

ACTIVITES D'EAU

Cani-paddle : excellent sport d'été, c'est l'activité idéale pour les chiens sachant nager et aimant l'eau. Le principe consiste à faire une balade aquatique, debout sur une planche de paddle, en pagayant tranquillement pendant que votre chien profite de la vue, assis ou debout, sur la planche avec vous. Bien sûr, il est déconseillé de forcer le chien ! Commencez par tester ses réactions. Voici le matériel nécessaire : un paddle, un harnais avec poignée pour le chien, un gilet de sauvetage pour les chiens nageant difficilement.

Canoë : beaucoup plus stable que le paddle, faire du canoë avec votre chien vous permettra de partager des moments intenses avec lui. Adapté à toutes les races, votre chien devra cependant connaître les ordres de base (ex. : assis, pas bougé) avant de pratiquer ce sport pour garantir sa sécurité. Procurez-vous également un gilet de sauvetage.

ACTIVITES D'AGILITE ET D'OBEISSANCE

Flyball : ce parcours d'obstacle complet se joue avec d'autres chiens. Le but est simple : les chiens et les maîtres se placent derrière une ligne de départ. Lorsque le signal est donné, les chiens s'avancent seuls, le plus rapidement possible, sur un parcours rectiligne qui est constitué d'obstacles. Au point d'arrivée, il leur faudra actionner la flybox en appuyant sur une pédale qui permettra de libérer une balle de tennis qu'ils devront attraper au vol. Ils devront alors refaire le parcours inverse pour ramener la balle à leur maître. Cette discipline qui est aujourd'hui très populaire nécessite énormément de souplesse, de rapidité, mais surtout d'une grande concentration de la part du chien.

Agility : très apprécié dans le milieu canin, ce parcours d'obstacles est un bon moyen pour le chien de se dépenser mentalement et de renforcer son intelligence ainsi que sa concentration. Cette discipline requiert une bonne agilité du maître et de l'animal. L'objectif est de parfaitement finir le parcours, sans faute et en un minimum de temps, malgré les nombreuses distractions. Les obstacles peuvent inclure : des haies à sauter, des balançoires, des rampes ou encore des tunnels.

Obérythmée : cette pratique se base sur une éducation spécialisée vous permettant de faire exécuter une série de tours et de mouvements en musique à un chien. C'est l'activité idéale pour renforcer la complicité du maître et de l'animal. L'obée-rythmée combine des éléments de chorégraphie tels que des sauts, des roulés, des slaloms ou des ordres de position (assis, debout). Ici, la complicité entre le chien et le maître est la base de la réussite des mouvements de l'animal.

Frisbee : accessible à quasiment tous les chiens pour peu qu'ils soient flexibles et agiles, jouer au frisbee sera un plaisir pour votre Épagneul Breton qui pourra exercer ses capacités physiques sans que cela nécessite un grand investissement financier de votre part. De plus, l'activité se pratique n'importe où ! Attendez cependant que votre chien ait terminé sa croissance avant de l'introduire aux joies du frisbee.

Recherche utilitaire : encore peu connue par les cynophiles, cette pratique a pour objectif de tester l'obéissance du chien ainsi que ses capacités olfactives face à toutes les conditions topographiques, météorologiques et temporelles. Cette activité est idéale pour former des chiens de recherche utile dans les missions humanitaires. La recherche utilitaire ne discrimine pas les individus étant donné qu'aucune race n'est prédisposée à cette discipline. Seules la complicité avec le maître ainsi que ses qualités olfactives comptent.

Pistage : basé sur le flair du chien, le principe est simple : le chien devra suivre une piste qui aura été tracée par une personne appelée "le traceur". L'objectif pour le chien pisteur est de retrouver le traceur grâce aux particules odorantes qu'il aura laissées sur son chemin. Il existe différents types de pistage :

- Le pistage utilitaire pratiqué par la police pour la recherche d'une personne
- Le pistage sportif qui peut être :
    - Libre : le chien travaille seul et doit ramener un objet à son maître
    - En trait de limier : il est attaché à une longe et doit finir un parcours qui a pour but d'identifier le traceur
- Le pistage de compétition (FCI) qui est plus difficile à chaque étape : augmentation de la superficie, du nombre d'objets et ajout d'odeurs parasites
- Le pistage RCI avec 3 épreuves distinctes : le pistage, l'obéissance et la défense.

Cavage : cette activité a pour objectif de laisser le chien creuser pour chercher des truffes. Ce sport très spécifique nécessite une éducation adaptée et codifiée du chien. Sans une bonne complicité avec son maître, le cavage ne sera jamais possible pour un chien. L'apprentissage au cavage nécessite de la patience de votre part, de la discipline et de la concentration. Comme pour tout sport canin, des concours existent dans le pays.

Field trial : cette discipline de compétition spécifique aux chiens de chasse permet de sélectionner les meilleurs d'entre eux. Les concours comprennent des épreuves d'allure, de rapidité et d'efficacité.

LA SANTE DE L'ÉPAGNEUL BRETON

Bien que cette race soit très robuste, il peut être exposé à certaines maladies liées à son environnement, son mode de vie ou à son patrimoine génétique.

Il est nécessaire de connaître les signes de bonne santé de votre chien ainsi que ceux qui doivent vous alerter.

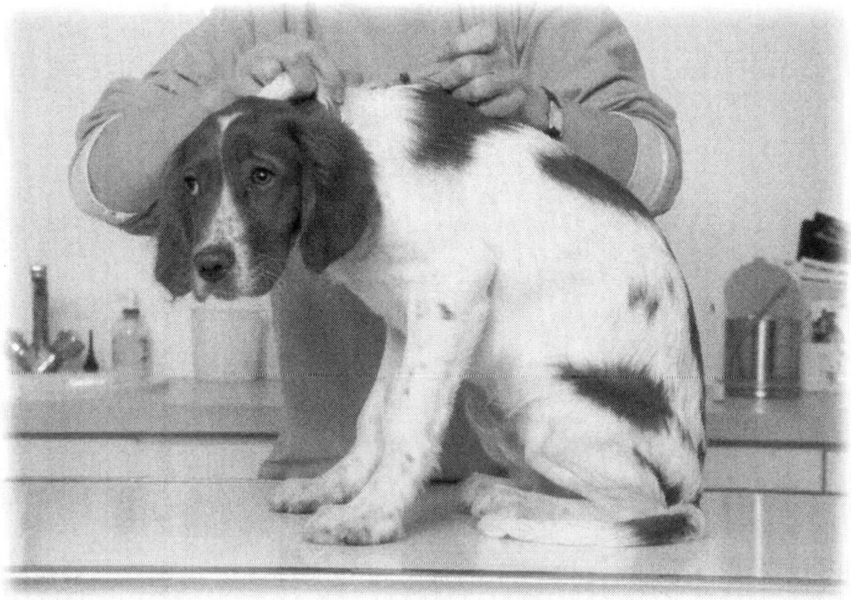

LES SIGNES DE BONNE SANTE

Un chien en bonne santé doit être dynamique et plein de vitalité ! En tant que maître connaissant bien votre chien, vous devez vous assurer que le temps de sommeil de votre chien reste le même.

Tout comme la quantité d'eau que votre chien boit, celle de la nourriture qu'il consomme doit également rester la même. Si votre toutou consomme plus que d'habitude, vous devez le faire ausculter, car certaines maladies provoquent une faim excessive.

Vérifiez aussi si l'émission de ses urines se fait sans effort et de façon continue. Elles doivent être de couleurs jaune et limpide.

Surveillez la fréquence de ses selles qui doit être en moyenne d'une à deux fois par jour. Elle pourrait toutefois varier selon le type d'aliments qu'il consomme ainsi que de l'activité physique qu'il pratique. Ses selles doivent être de couleur brune et bien moulées.

Le poil doit rester brillant avec une peau souple et élastique, sans aucune démangeaison.

La respiration de votre chien doit se faire d'une manière régulière et fluide.

LES SIGNES QUI DOIVENT VOUS ALERTER

Restez attentif au moindre changement de comportement de votre animal, sans pour autant vous livrer à une surveillance excessive.

Sachez alors qu'un chien en proie à une prostration ou à un abattement pourrait avoir la fièvre ou souffrir d'une douleur. Dans un tel cas, il abandonnera ses activités habituelles.

Si votre chien montre un signe d'agressivité inhabituelle, il a peut-être une maladie du système nerveux ou ressent une douleur sur une partie de son corps. Le meilleur moyen de vous en assurer est de le manipuler jusqu'à la détection de la zone douloureuse. Cette dernière fera réagir même le chien le plus docile.

La maladie du système nerveux, l'intoxication ou une maladie métabolique pourraient entraîner la perte momentanée de conscience de votre chien. Aucune stimulation que vous ferez, même douloureuse, ne le fera réagir. Ces signes sont d'habitude accompagnés par un état convulsif répétitif. S'il est dans un état dépressif, il réagira au bruit fort et se rendormira de suite.

Remarquez-vous des difficultés de déplacements chez votre animal ? Celles-ci se présentent-elles comme une boiterie, une perte d'équilibre ou une paralysie ? L'origine peut être variée, comme la lésion osseuse, la lésion nerveuse, la lésion cutanée ou la lésion musculaire.

Certaines maladies sont aussi à l'origine des changements dans les habitudes alimentaires de votre chien. Une lésion de la cavité buccale pourrait entraîner la diminution ou la perte même de l'appétit, tandis qu'une maladie endocrinienne ou des troubles digestifs pourraient augmenter son appétit. S'il y a augmentation de sa consommation d'eau, cela peut être le symptôme d'une maladie du rein ou du foie.

Concernant l'état corporel de votre chien, s'il présente une prise de poids ou un amaigrissement, il pourrait avoir des maladies digestives, le cancer, une maladie cardiaque ou tout simplement il est en gestation.

Si votre Épagneul Breton est victime de troubles digestifs, il peut avoir des vomissements, des diarrhées ou de la constipation. Des maladies diverses comme celles de l'intestin ou de l'estomac, de l'intoxication, ou des problèmes mécaniques peuvent être à leur origine.

Il y a aussi les anomalies urinaires. La miction douloureuse peut être signe de maladies urinaires tandis que son absence signale une insuffisance rénale. Des urines rouges sont un signe d'affections génitales ou urinaires tandis que des urines foncées pourraient indiquer la piroplasmose, l'anémie ou l'intoxication.

Si les écoulements génitaux se produisent pendant la période des chaleurs chez la chienne, vous n'avez pas à vous en inquiéter. Dans le cas contraire, ils peuvent provenir d'une infection génitale. Chez le mâle, un liquide d'aspect purulent est un signe d'une infection du fourreau ou "balanoposthite".

Ne négligez pas les anomalies respiratoires comme la toux et la respiration difficile chez votre toutou. Ils peuvent être des signes de maladies pulmonaires ou cardiaques. S'il a un écoulement nasal et des éternuements, ceux-ci mettent en cause la maladie des cavités nasales.

Si votre chien a des anomalies oculaires telles que les yeux rouges, le larmoiement ou la cécité, il a peut-être une maladie de l'oeil ou du système nerveux.

Surveillez aussi la santé du poil de votre animal. Si vous remarquez une chute de poils ou une grosseur sous la peau, cela pourrait être des symptômes de plusieurs maladies qui peuvent être d'origines infectieuse, parasitaire, génétique, allergique ou traumatique. La masse sous la peau peut aussi signaler une tumeur bénigne ou maligne.

Afin de détecter à temps les anomalies de votre chien, restez toujours attentif à son état. Vous pourrez ainsi les signaler à votre vétérinaire sans attendre que les maladies ne se développent.

L'ALIMENTATION DE L'ÉPAGNEUL BRETON

Afin de préserver ses muscles, ce grand sportif requiert une nourriture de qualité riche en protéines. Faites également attention à bien contrôler son poids pour éviter les problèmes d'obésité.

Les options pour nourrir votre chien sont nombreuses. L'important est de donner à votre Épagneul Breton une alimentation lui fournissant tous ses besoins nutritionnels et pouvant s'adapter à son mode de vie.

LES CROQUETTES

Pratiques, les croquettes sont idéales pour ceux qui préfèrent une solution simple, économique et sans prise de tête pour fournir les nutriments nécessaires au maintien de la santé du chien. Bien entendu, dans la mesure du possible, il vous est recommandé de vous procurer des croquettes de bonne qualité. Pour avoir une idée de la qualité des croquettes, analysez le taux de protéine qu'elles contiennent. Plus la quantité de protéines contenue dans les croquettes est grande, mieux ce sera.

Les portions de croquette données devront être ajustées selon les phases de sa vie et à ses mensurations. Les différentes marques de croquettes proposent d'ailleurs des gammes conformes à chaque étape de la vie du chien. L'avantage des croquettes réside également dans la facilité à doser les portions, la grande majorité des fabricants vous donnent accès à un gobelet mesureur.

En moyenne, un Épagneul Breton adulte consomme environ 200 g de croquettes par jour. Cette ration sera à ajuster à son niveau d'activité physique ainsi qu'à son poids.

LE B.A.R.F.

De nombreux maîtres et éleveurs préfèrent l'idée de nourrir eux-mêmes leur chien pour pouvoir contrôler ce qui va dans leur gamelle. Cette solution présente de nombreux avantages à condition de savoir bien équilibrer les rations proposées à l'animal. Un manque de préparation et d'information sur les proportions à préparer peut engendrer des carences nutritionnelles. Nous vous conseillons de rencontrer un vétérinaire pour vous guider dans la préparation des repas et dans le calcul des doses à respecter par ration.

Le BARF (*Biologically Appropriate Raw Food* ou *Nourriture Crue Biologiquement Appropriée*) est un mode d'alimentation qui cherche à se rapprocher le plus possible de celui des canidés sauvages, en particulier du loup. Convaincus que la nourriture sèche et industrielle cause des problèmes de santé chez le chien, beaucoup se tournent vers cette alternative qui se veut naturelle et majoritairement carnivore.

Le régime BARF est composé :

- De viande crue sans os

- D'os charnus
- D'abats
- D'huiles
- De légumes
- D'œufs
- De compléments minéraux vitaminés

Des variantes sont également observées dans ce mode d'alimentation, comme les régimes préconisant le jeûne chez le chien : alimentation à volonté tous les trois jours ou encore jeûne une fois par semaine.

La popularité croissante de ce régime vient de ses nombreux avantages : une meilleure appétence chez le chien, une digestion plus facile, une amélioration de la qualité du poil et de la silhouette, une nette évolution de la propreté de la dentition du chien à force de mastiquer. On note cependant que le BARF nécessite une rotation des différents ingrédients qui peut facilement créer des inconvénients : l'approvisionnement de certains aliments peut s'avérer compliqué selon les saisons et le prix peut vite flamber. La préparation est plus contraignante qu'une alimentation à base de croquette et selon le lieu où l'on s'approvisionne, des risques sanitaires peuvent exister. C'est pourquoi certains maîtres se tournent vers une alimentation « maison » qui tend à cuire la viande au lieu de proposer une ration entièrement crue.

FREQUENCE DES REPAS

La fréquence des repas dépend de l'âge du chien. Le chiot et l'adulte n'auront bien évidemment pas les mêmes besoins.

LE CHIOT

Son estomac n'ayant pas encore terminé de se développer, il faudra fractionner les repas du chiot selon son âge.

- Jusqu'à ses 3 mois : entre quatre et cinq repas
- De 3 à 5 mois : trois repas par jour
- À partir de 6 mois : deux repas par jour

LE CHIEN ADULTE

La problématique de la fréquence devient un peu plus complexe chez le chien adulte étant donné que les avis tendent à diverger. Actuellement, plusieurs écoles de pensée s'affrontent sur le sujet :

- Ceux qui préconisent de nourrir le chien deux fois par jour afin de limiter les risques de torsion d'estomac
- Ceux qui recommandent de ne lui donner à manger qu'une fois par jour. Certains suggèrent même d'inclure un jeûne hebdomadaire pour se rapprocher le plus possible de l'alimentation qu'il aurait eue dans la nature. Si certaines études démontrent les avantages d'un jeûne intermittent, nous vous conseillerons toujours de vous adresser à un professionnel pour vous guider dans le choix de l'alimentation idéal pour votre chien.
- Certains maîtres font même l'apologie de l'alimentation à volonté qui se décline sous deux formes :
    - *L'alimentation à volonté sans limites de temps* : le chien a constamment accès à sa nourriture. Cette méthode part du postulat que le chien peut s'auto-réguler et qu'il s'arrêtera après avoir atteint ses apports nutritionnels de la journée. On remarque toutefois que dans la grande majorité, les chiens ont tendance à surconsommer ou à gaspiller la nourriture.

- *L'alimentation à volonté avec limite de temps* : cette méthode est également très utilisée chez les chiots avec comme objectif de les habituer à manger à heure fixe. Ici, on donne au chien l'accès à une grande quantité de nourriture à une heure précise et pour une durée bien limitée. Passée cette durée, on lui retire sa gamelle même s'il n'a pas tout terminé.

Même si tous les chiens sont uniques, nous vous préconisons de privilégier la méthode de l'alimentation à heures fixes et à quantité calculée pour l'adulte. Cela vous permettra de mieux contrôler ses apports.

Bon à savoir : La fréquence augmente au cas par cas et selon les situations. Une attention particulière devrait d'ailleurs être portée sur les chiens malades, stérilisés ou les chiennes en gestation/lactation).

LES ALIMENTS TOXIQUES A EVITER

Il serait difficile de fournir une liste exhaustive des aliments qui peuvent être toxiques pour votre chien. Certains peuvent provoquer du surpoids ou entraîner des problèmes digestifs tandis que d'autres peuvent conduire votre chien au coma.

Voici quelques aliments qui présentent des dangers potentiels pour votre compagnon :

- **Le chocolat** : la théobromine que contient cet aliment est difficilement digérée par le chien. À cause de son haut niveau de toxicité, 200 grammes de chocolat suffiraient à tuer un chien de 10 kg. Si votre chien a été surpris à en manger, la meilleure chose à faire est de le faire vomir afin qu'il puisse évacuer le plus vite possible cette substance. Sachez que faute de réaction immédiate, le décès peut survenir en moins d'une journée.
- **Les raisins** : tout type de raisins est à éviter en raison de la difficulté de son ingestion par l'animal. Les principaux signes qui devraient vous alerter sont : les vomissements,

les diarrhées, la déshydratation, les douleurs abdominales et les convulsions. En l'absence de réaction rapide, votre chien peut entrer dans le coma. La meilleure chose à faire est d'emmener immédiatement votre compagnon auprès de son vétérinaire dès l'apparition des premiers symptômes.

- ⊗ **Les fruits qui contiennent des pépins ou des noyaux** : des fruits tels que l'abricot, la pêche, la pomme, la cerise, la poire, la prune ainsi que l'avocat sont à préparer au préalable avant de les donner à votre chien. Leurs pépins ou noyaux contiennent du glycoside cyanogénique qui s'apparente au cyanure. Bien que cette substance ne présente aucun risque pour les humains, elle peut nuire à votre chien.
- ⊗ **Les os** : bien les chiens aiment ronger les os, ceux-ci peuvent être dangereux pour votre animal. Un petit os tranchant pourrait, en effet, entraîner des perforations de son estomac. Évitez donc de lui donner des os de poulets ou de lapins, ainsi que des os cuits qui peuvent facilement se briser.
- ⊗ **Les légumes crus** : les canidés ne sont pas comme les humains. Leur organisme ne contient pas une quantité suffisante d'enzymes leur permettant de digérer facilement les légumes crus, ainsi leur estomac pourrait en pâtir.
- ⊗ **Les viandes grasses** : contenant trop de graisse, leur consommation peut entraîner l'inflammation du pancréas pour votre chien.
- ⊗ **Le thon** : si le thon acheté n'est pas adapté à la consommation canine, il pourrait contenir trop de sel qui peut nuire aux reins de l'animal ou entraîner des problèmes cardiaques.
- ⊗ **Certains champignons** : lors de votre marche en forêt, ne permettez pas à votre chien de ramasser les champignons qui se trouvent sur son chemin. Certains sont toxiques.
- ⊗ **L'alcool** : tout comme chez les humains, l'alcool a des effets nocifs pour les chiens.
- ⊗ **Les aliments moisis ou périmés** : ceux-ci sont dangereux pour le chien à cause des toxines que les moisissures contiennent. Ils sont donc à bannir de son alimentation.

La liste pourrait être longue si l'on se mettait à citer tous les aliments pouvant être dangereux pour votre chien. Ainsi, en cas de doute, il vaut mieux s'abstenir. En tout cas, il est toujours bon de rester attentif aux réactions de l'animal après avoir introduit un nouvel élément dans son alimentation.

LA CROISSANCE DE L'ÉPAGNEUL BRETON

Chaque chiot a son propre rythme de développement. Les conditions dans lesquelles ils vivent durant leurs premiers mois peuvent avoir une grande influence sur leur vie d'adulte.

Généralement, le développement d'un chien se déroule en 5 étapes :

1. La période de transition qui s'étend de sa 1ère à sa 3ème semaine
2. La période de socialisation qui se situe entre la 3ème et la 12ème semaine.
3. Entre 3 et 4 mois, le chiot traverse la période juvénile
4. La période de puberté vient ensuite et commence en général à 4 mois et se termine vers le 6ème mois.

5. La cinquième et dernière étape de sa croissance commence à 6 mois et se termine à 18 mois où le chiot entre dans sa période de jeune adulte.

Étapes de croissance	Caractéristiques et/ou réflexes	Remarques
A sa naissance	Aveugle et sourd Sens du toucher bien développé Ressent les vibrations sonores	
1ère semaine	Réflexe de fouissement le poussant à trouver les endroits les plus chauds Réflexe labial lui permettant de téter Réflexe périnéal lui permettant d'éliminer ses selles et son urine Réflexe de prise l'empêchant de bouger quand sa mère le saisit par la peau du coup	Le chiot porte son poids sur les pattes avant et commence à ramper (au 5ème jour)
2ème semaine	Le chiot ouvre ses yeux (au 10ème jour) Ses oreilles commencent à devenir fonctionnelles (il entend certains sons)	Dans le cas d'un chien orphelin ou unique, c'est l'éleveur qui se chargera de le socialiser en le

	Le chiot entre dans sa période d'imprégnation (il se rend compte de son appartenance au monde canin grâce à la présence de sa mère et de ses frères ou sœurs	mettant en contact avec d'autres chiens Il faut penser à le vermifuger à son 15ème jour
3ème semaine	Le chiot est capable de porter son poids sur ses pattes arrière Son système nerveux se développe et lui permet de coordonner ses mouvements Le chiot peut s'asseoir Sa température devient régulière (il n'a plus besoin de se blottir contre sa mère) Les sens de la vue et de l'ouïe deviennent plus efficaces Le chiot apprend à se retenir pour faire ses besoins hors du nid Il a encore son réflexe labial, mais commence à lécher la nourriture de sa mère	La chienne est à son pic de production de lait

	✓ Ses dents de lait commencent à sortir	
4ème semaine	✓ Le chiot se déplace sur ses 4 pattes ✓ Tous ses sens sont bien développés ✓ Il apprend à communiquer avec les autres chiens et à contrôler ses morsures ✓ Il entre dans sa phase de socialisation	✓ L'allaitement devient douloureux à cause de l'apparition des dents de lait ✓ Proposer au chiot une alimentation plus solide ✓ De façon progressive, il faut le mettre en contact avec les situations auxquelles il sera confronté tout au long de sa vie (différents animaux, différentes personnes, situations bruyantes, etc.)
5ème semaine	✓ Très peu de changement	
6ème semaine	✓ Le chiot devient plus craintif face à la nouveauté ✓ Il devient fragile mentalement	✓ Il faut être prudent quand on lui présente des situations nouvelles

7ème semaine	Les anticorps d'origine maternelle disparaissent de l'organisme du chiot Son propre système immunitaire commence à prendre le relais et sera complètement fonctionnel vers la 12ème semaine	Le chiot est assez fragile et a besoin d'une alimentation équilibrée Prendre rendez-vous chez un vétérinaire pour établir le calendrier de vaccination
8ème semaine	Le chiot n'est plus dépendant de sa mère, car celle-ci ne l'allaite qu'occasionnellement Le chiot apprend à se contrôler grâce aux jeux auxquels sa mère l'initie	Son alimentation est solide, mais adaptée à son système digestif encore fragile
9ème semaine	Une période marquée par une réaction de peur qui s'étend jusqu'à son 3ème mois	
3 à 4 mois	Une transition entre la période de socialisation et la puberté Le chiot devient plus indépendant Il joue à mordre son éleveur (ou son maître) pour tenter de contester l'autorité de celui-ci	À 3 mois, un Épagneul Breton pèse entre 5.8 et 7.3 kg.

4 à 6 mois	Apparitions des sécrétions d'hormones sexuelles (le chiot atteint sa maturité sexuelle). Il manifeste encore plus son indépendance et son obstination en testant ses limites Des signes de rébellion apparaissent à cause de ses changements hormonaux Le chiot tente d'asseoir son autorité sur les membres de la famille, notamment sur les enfants. Le cycle de dentition le pousse à chercher des choses à mâcher pour soulager sa douleur	À 6 mois, cet épagneul peut peser entre 10.7 kg et 13.4 kg.
6 à 18 mois	Un grand moment de la vie du chien Le chien est jeune et exubérant Il apprend toutes les choses dont il a besoin afin de devenir un véritable chien adulte La croissance d'un Épagneul Breton se	À 12 mois, le poids d'un Épagneul Breton varie en moyenne entre 13.8 et 17.5 kg.

	termine généralement entre son 14e et 16e mois.	

ENTRETIEN ET TOILETTAGE DE L'ÉPAGNEUL BRETON

L'Épagneul Breton fait partie des chiens faciles d'entretien. Il ne requiert aucun soin particulier.

LE PELAGE

Afin de maintenir la beauté de son pelage, veillez à bien le brosser régulièrement. Selon le besoin, le brossage peut être effectué quelques minutes par jour ou plus longuement une à deux fois dans la semaine. Peu importe la fréquence, l'essentiel est de le brosser au moins une fois par mois afin d'éliminer ses poils morts et d'aérer sa peau.

Le gros avantage de cet épagneul est son poil auto-nettoyant : les bains ne sont pas nécessaires chez cette race. Même après une grosse journée de chasse, sa fourrure ne requiert aucune intervention de votre part. Ainsi, ne le nettoyez qu'en cas de fortes odeurs. Naturellement, dans ce cas, il est recommandé d'utiliser un shampoing spécifique à sa peau et à son pelage.

Un toilettage deux fois par an est recommandé pour ce chien. Vous pouvez chercher un toiletteur pour vous aider les premières fois. Les gestes étant assez simple, vous pourrez le faire vous-même par la suite.

Munissez-vous d'une paire de ciseaux crantés et de ciseaux droits. Puis, commencez à désépaissir les zones trop fournies en poils. Le but est de mettre en évidence la morphologie de ce chien d'arrêt.

Commencez par couper les poils qui dépassent des oreilles de votre chien. Faites attention à bien tenir le bord de l'oreille pour ne pas le blesser ! Raccourcissez également le surplus de poils se trouvant sur le dessus de l'oreille. La petite taille de son oreille doit toujours être mise en avant.

Puis, occupez-vous de la culotte qui se trouve à l'arrière de ses cuisses ainsi que de la frange à l'arrière des pieds. Rafraîchissez légèrement ces zones en veillant à garder la longueur recommandée par le standard pour la culotte. Pour les pieds, l'objectif est de pouvoir deviner leur orientation sous sa fourrure épaisse. Puisqu'on y est, coupez les poils qui dépassent des phalanges en accentuant le pied rond de votre épagneul.

Finissez par désépaissir légèrement le poitrail si celui-ci est trop fourni.

LES YEUX

Nettoyez régulièrement leur contour pour retirer les sécrétions et autres saletés qui les entourent. Aidez-vous d'un sérum physiologique et d'une compresse pour effectuer cette tâche.

LES OREILLES

Ce chien de chasse est sujet à quelques infections auriculaires. Pour limiter les risques, vérifiez l'état de son conduit auditif après chaque promenade et partie de chasse.

De même, une fois par semaine, ayez l'habitude de nettoyer le pavillon interne. Cela permet de réduire l'accumulation de cérumen : introduisez quelques gouttes de lotion auriculaire dans l'oreille, puis massez-en la base. Vous n'aurez plus qu'à retirer les saletés qui s'y trouvent avec une compresse ou une boule de coton.

LES DENTS

La santé bucco-dentaire de votre chien peut être maintenue grâce à un brossage des dents régulier qui limitera l'apparition du tartre. L'introduction des os à mâcher et des différents jeux à mastiquer dans le quotidien de l'animal permet également de prévenir l'entartrage des surfaces dentaires.

Pour la sécurité du chien, il est bon à savoir que tous les os ne peuvent lui être présentés. Si les os de bœufs ou ceux conçus industriellement à partir de peau de bœuf sont recommandés, nous vous déconseillons d'inclure ceux ci-dessous :

- ⊗ Les os de poulet
- ⊗ Les os de lapin
- ⊗ Les os cuits qui ont tendance à être fragiles et cassables

⊗ Les os trop grands ou trop petits pour le chien.

LES PATTES ET LES GRIFFES

Il faut veiller à bien tailler les griffes lorsqu'elles sont trop longues. Pour bien effectuer cet acte, il vous faudra un coupe-ongle adapté. Faites bien attention à ne pas blesser votre chien en évitant de couper la partie contenant les vaisseaux sanguins et les nerfs. Cette partie est repérable à sa couleur rosée. En cas de doute, n'hésitez pas à demander l'aide de votre vétérinaire.

Pour les pattes, songez à couper les poils qui dépassent des coussinets et vérifier que le chien ne souffre d'aucune blessure au niveau de ses phalanges.

PREVENTION AU QUOTIDIEN

Comme dit l'adage "il vaut mieux prévenir que guérir", nous avons comme responsabilité en tant que maître de surveiller la santé de notre chien. Il est évident qu'aucun maître ne veut que son compagnon fidèle succombe à un quelconque problème de santé.

Malheureusement, plusieurs maladies canines sont considérées comme très dangereuses. Elles peuvent être d'origine bactérienne ou virale et sont, dans la plupart des cas, contagieuses. Afin de protéger votre chien, vous devriez le faire vacciner bien que ceci ne soit pas toujours obligatoire. Les vaccins procurent à votre chien un anticorps qui le protègera contre ces maladies.

Par ailleurs, ce ne sont pas seulement les maladies qui peuvent nuire au bien-être de votre Épagneul Breton. Il existe en effet différents parasites, à l'instar des vers, des puces et des moustiques, qui peuvent causer des soucis à l'épanouissement de votre chien. Il sera donc préférable de les prévenir.

LES VACCINS

On recense 6 à 7 maladies graves contre lesquelles le chien doit être vacciné. Voilà pourquoi on retrouve souvent dans le carnet de santé de l'animal leur initiale (CHPPI2-LR) sur l'étiquette du vaccin que le vétérinaire y colle :

- "C" symbolise la Maladie de Carré ;
- "H" représente l'Hépatite de Rubarth ;
- "P" est l'initiale de Parvovirose ;
- "Pi" correspond à la Toux de chenil ;
- La Leptospirose est représentée par la lettre "L";
- La rage est symbolisée par "R" dans la formule.

En plus de ces 6 principales maladies canines, il y a aussi le vaccin contre la piroplasmose dont l'injection doit être séparée de celle des autres maladies et se faire en 2 injections, avec un intervalle de 1 mois à la première prise. Son rappel doit toutefois se faire tous les ans.

Voici un tableau qui recense la liste des vaccins pour le chien ainsi que l'âge où les injections devraient être opérées :

Âge du chien	Vaccins
1 mois	Parvovirose si milieu infecté
2 mois	Maladie de Carré Hépatite de Rubarth

	Toux du chenil
3 mois	Maladie de Carré Hépatite de Rubarth Toux du chenil Leptospirose Toux du chenil Rage
4 mois	La Leishmaniose
1 an	Maladie de Carré Hépatite de Rubarth Toux du chenil Leptospirose Toux du chenil Rage
Rappel annuel	Maladie de Carré Hépatite de Rubarth Toux du chenil Leptospirose Toux du chenil La Leishmaniose Rage

LES VERMIFUGES

Les vermifuges sont également connus sous le nom "antiparasitaires internes". Qu'ils soient pris à titre préventif ou curatif, ils éliminent les parasites internes du chien. Ces parasites sont principalement des vers ayant une forme plate ou ronde ou des protozoaires évoluant à l'intérieur du corps du chien. Ces derniers mettent en danger non seulement la santé de l'animal, mais aussi celle des personnes en contact avec lui.

Les parasites internes perturbent la croissance de votre animal. Ils peuvent être des causes de diarrhées, de vomissements, de constipation ou de toux fréquentes chez les chiots. Les chiens adultes parasités peuvent, à leur tour, présenter un signe d'affaiblissement et sont victimes de perte de poids. Leurs pelages peuvent aussi se ternir.

Les vermifuges peuvent se présenter sous différentes formes :

- **Les comprimés** : ils peuvent être cachés dans la nourriture du chien et facilitent son absorption par le chien qui ne s'en rend généralement pas compte.
- **Les pipettes** : leur contenu se dépose sur la surface de la peau au niveau du cou.
- **Les seringues buccales** : elles sont fréquemment utilisées pour vermifuger un chiot. L'administration est assez simple vu qu'elle consiste à déposer la seringue dans la gueule du chien.
- **Les injections** qui sont pratiquées par les vétérinaires sur les individus particulièrement infestés.

La fréquence de vermifugation dépendra de l'état physiologique du chien, de son âge, du lieu de vie ou de séjour du chien, mais également de ses habitudes de vie.

Les chiots doivent être vermifugés 2 fois par mois dès l'âge de 2 semaines jusqu'à 2,5 mois.

Pour les chiens adultes, le risque d'infestation est important à cause de son contact avec l'environnement extérieur. À condition d'être hors zones à risque, un chien qui sort souvent doit être vermifugé tous les 3 mois tandis qu'un chien sédentaire le sera tous les 6 mois.

Les régions françaises à risque sont celles du Sud, à savoir le pourtour de la méditerranée, la Corse, la Guyane, la Réunion, la Martinique et la Guadeloupe. Si votre chien se trouve à ces endroits, il doit être vermifugé tous les mois, surtout pendant la période à risque qui s'étend de mai à octobre.

Quant aux chiennes gestantes, elles doivent être vermifugées 15 jours avant une saillie programmée, 15 jours avant la mise bas et 15 jours après. Ceci est essentiel pour protéger la santé de la maman et de celle des petits.

Nombreux sont les vermifuges pour chien et il n'est pas toujours facile de s'y retrouver. Pour vous aider à choisir, adressez-vous à votre vétérinaire qui saura à quel dosage le vermifuge doit être administré, compte tenu de l'âge et du poids de votre chien.

LES ANTIPUCES

Les parasites externes du chien à l'instar des puces et des tiques ne sont malheureusement pas qu'une simple nuisance. Leur piqûre transmet à votre chien des infections qui peuvent être dangereuses. Parmi celles-ci, nous citons les réactions allergiques, la perte de poils, la maladie de Lyme ou pire encore l'infestation mortelle de ce qu'on appelle les "vers de cœur". Il devient donc essentiel de protéger le chien contre ces parasites externes.

Les produits antiparasitaires se présentent sous plusieurs formes. On distingue parmi elles :

- Les colliers anti-puces qui ont une efficacité pouvant durer jusqu'à 8 mois. Les produits antiparasitaires qu'ils contiennent se diffusent en permanence. Ils protègent tout le corps de votre animal en passant à travers sa peau. Lors de la pose du collier, vous devez vous 'assurer qu'il correspond à la taille de votre chien et qu'il soit en contact avec sa peau.

- Bien qu'ayant une efficacité plus courte (1 mois) que le collier, les pipettes antipuces sont faciles d'application. Il vous suffit de les poser sur la peau entre les omoplates, en veillant à bien écarter les poils. Tout comme le collier, la pipette diffuse des substances antiparasitaires dans tout le corps de votre chien.
- Le comprimé est aussi efficace que simple d'utilisation grâce à son caractère appétant. Il agit rapidement (quelques heures après sa prise) et son action peut durer plus d'un mois. Vous devez toutefois respecter le dosage adéquat.

En dehors des colliers et pipettes, les produits antiparasitaires peuvent également être contenus dans des sprays, des shampooings et des compléments alimentaires. Il existe aussi des ustensiles que vous pouvez très bien utiliser en cas d'infection par ces parasites, à l'instar des crochets à tiques ou des peignes anti-puces.

Au final, c'est à vous de choisir l'option qui conviendra le mieux à votre chien.

Bon à savoir : n'oubliez pas de traiter aussi votre habitat pour se débarrasser des œufs et éviter une infestation dans votre maison.

LES ANTIMOUSTIQUES

Véritables ennemis du chien, les moustiques sont parfois porteurs de maladies graves et transmettent celles-ci à votre compagnon lors des piqûres. Afin d'éviter des problèmes de santé à votre animal, il est recommandé d'anticiper leur piqûre.

Sans utiliser des produits antiparasitaires, vous pouvez protéger votre chien des moustiques en le rentrant à la tombée du soir où les moustiques se réveillent. Évitez aussi de le promener dans les zones humides ou de le laisser se balader près des eaux stagnantes.

Comme produits antimoustiques, il vous est toujours recommandé d'utiliser ceux dont les actions consistent à repousser les moustiques. Il existe des sprays et des encens à base de citronnelle qui ont des actions répulsives. Faites toutefois attention de ne pas les utiliser directement sur votre chien.

Les antimoustiques existent aussi sous forme de collier ou de pipettes. À condition d'être posé au moins une semaine avant l'entrée dans une zone infestée, il protège votre chien pendant 6 mois contre les moustiques. Le choix du collier dépendra de la taille de votre animal, mais il ne doit pas être porté avant l'âge de 7 semaines. Veillez aussi à vérifier que votre chien le tolère avant la pose. Le collier pourrait en effet provoquer des réactions cutanées ou des pertes de poil.

Les pipettes, elles, sont faciles d'utilisation et peuvent être administrées sans l'intervention d'un vétérinaire. Toutefois, elles ne doivent pas être utilisées sur un chiot avant l'âge de 7 semaines. Le dosage doit varier selon le poids de celui-ci. Sa protection contre les moustiques peut durer jusqu'à 3 semaines. Pour ne pas atténuer son efficacité, vous devez l'appliquer 48 heures avant ou après le bain de votre chien.

Bon à savoir : les antiparasitaires naturels ne sont pas à recommander dans les zones à risque. Ils ne procurent pas une aussi bonne protection que les traitements classiques. Ils seront donc moins efficaces face aux différentes maladies que les parasites peuvent transmettre à votre chien.

PATHOLOGIES FREQUENTES CHEZ L'ÉPAGNEUL BRETON

Robuste, cette race jouit généralement d'une santé de fer. Mais comme ses congénères, il peut connaître certaines affections héréditaires.

Dysplasie de la hanche : cette maladie se traduit par une malformation de l'articulation coxo-fémorale. Ce défaut entraîne une inflammation et de l'arthrose chez l'Épagneul Breton. Les symptômes sont évolutifs et se présentent sous la forme de boiterie ainsi que de la difficulté à s'exercer. Douloureux, un premier traitement à base d'anti-inflammatoires permet d'atténuer l'arthrose et de calmer les cas les moins graves. La chirurgie et la pose d'une prothèse ne sont recommandées qu'aux cas les plus sévères.

Luxation médiale de la rotule : cette affection orthopédique congénitale touche particulièrement les Épagneuls Bretons. Elle se traduit par un déboîtement de la rotule qui sort de la fosse fémorale. Cela cause alors une rupture des ligaments croisés chez le chien. Très douloureux et impactant généralement les deux genoux, elle se manifeste par une boiterie évolutive. Pour les cas les plus graves, l'intervention chirurgicale s'impose et permet de corriger la luxation. Après la chirurgie, un traitement médicamenteux devra également être suivi afin de réduire l'arthrose.

Cystinurie : cette pathologie héréditaire est due à une accumulation de cystine dans les reins du chien. Mal absorbé, cet acide aminé provoque la formation de calculs rénaux et des inflammations de l'appareil urinaire. Les premiers signes surviennent dès l'âge de 6 mois avec une miction douloureuse et des traces de sang dans l'urine. L'absence de traitement peut malheureusement endommager les reins du chien, causant son décès. Pour le soigner, des traitements médicamenteux doivent être prescrits de manière précoce. Si les calculs sont en trop grand nombre, un traitement chirurgical sera opéré par le vétérinaire.

Dystrophie musculaire liée au chromosome X : l'Épagneul Breton est sujet à cette pathologie musculaire héréditaire. Les premiers symptômes surviennent de manière précoce entre le 2e et le 3e mois. Touchant plus souvent les mâles que les femelles, elle dégrade progressivement la fonction locomotrice du chien. Le chien peine alors à se déplacer et perd l'appétit. Comme aucun traitement n'existe à ce jour, la grande majorité des chiens finissent par décéder d'une complication vers l'âge de 2 ou 3 ans.

Abiotrophies corticales cérébelleuses : ce groupe de maladie cause la destruction prématurée des cellules du cervelet. Elle apparaît de manière tardive chez l'Épagneul Breton. Les symptômes se manifestent par des troubles locomoteurs, des tremblements et de l'ataxie avec hypermétrie ou hypométrie. Les symptômes ne cessant d'évoluer, le chien pourra donc vivre une vie normale tant que son handicap n'est pas trop sévère. À ce jour, il n'existe aucun traitement contre les atrophies corticales cérébelleuses.

ASSURER SON ÉPAGNEUL BRETON

Les dépenses "santé" engendrées par votre joyeuse boule de poils sont nombreuses : vaccins, stérilisation, vermifuges, maladies, accidents du quotidien et j'en passe, l'addition finit par vite être salée !

Afin d'amortir le coût des vaccins et des autres frais inattendus, la solution la plus appropriée est d'assurer son chien. Mouss propose sur son site un comparateur de mutuelles qui vous permettra de choisir la meilleure offre parmi les différentes compagnies. Sur ce lien http://www.mouss-le-chien.com/mutuelles vous trouverez facilement celle qui correspond à vos besoins.

ESPERANCE DE VIE DE L'ÉPAGNEUL BRETON

L'Épagneul Breton est un chien moyen qui a une espérance de vie de 14 à 15 ans. Bien évidemment, sa longévité dépend de son mode de vie et de son alimentation.

Nos amis canidés vieillissent plus rapidement que nous (18 fois plus vite lors de leur première année !), il est parfois tentant d'estimer l'âge humain de son chien. Nous vous proposons ici un tableau qui vous permettra en toute facilité de le faire :

Âge du chien	Âge humain
6 mois	10 ans
1 an	18 ans
2 ans	27 ans
3 ans	33 ans
4 ans	39 ans
5 ans	45 ans
6 ans	51 ans
7 ans	57 ans
8 ans	63 ans
9 ans	69 ans
10 ans	75 ans
11 ans	80 ans
12 ans	85 ans

13 ans	90 ans
14 ans	96 ans
15 ans	102 ans
16 ans	110 ans
17 ans	121 ans
18 ans	128 ans
19 ans	135 ans
20 ans	142 ans
21 ans	149 ans

ADOPTER UN ÉPAGNEUL BRETON

Développé pour les passionnés de chasse, le dynamisme de ce petit épagneul n'est pas à mettre entre toutes les mains. Avant de l'accueillir dans votre vie, assurez-vous que vous avez le profil idéal pour adopter ce chien unique.

COMMENT FAIRE SON CHOIX ?

Votre décision est prise et après avoir pesé le pour et le contre, vous êtes fin prêt à adopter un Épagneul Breton. Cependant, avec le nombre d'options possibles pour acquérir un chien, il vous faudra faire attention aux arnaques. Aujourd'hui, il est possible de trouver le parfait animal de compagnie via des animaleries, des refuges, des élevages professionnels ou via un particulier. Comme ce choix est loin d'être anodin, nous vous proposons ici des conseils à prendre en compte avant d'accueillir ce nouveau membre de la famille.

AVANT D'ADOPTER

Voici des questions à se poser pour être sûr de son choix avant l'adoption :

- Ai-je fait assez de recherches sur la race ? Beaucoup de personnes accueillent un chien sans être préparées et sans connaître ses réels besoins. Renseignez-vous pour savoir si vous êtes le maître idéal pour votre race de chien.
- Êtes-vous sûr de pouvoir lui offrir tout ce qu'il lui faut ? Adoptez un chien, c'est signé pour un engagement d'une dizaine d'années, plus selon la race choisie. Les dépenses liées à son logement, ses soins, ses loisirs et son alimentation sont loin d'être négligeables.
- Ai-je assez de temps pour un chien ? Votre nouveau compagnon aura très certainement besoin d'attention. Demandez-vous si votre mode de vie et votre emploi du temps vous permettent de vous investir pleinement pour lui.

AVANT D'ACHETER

Avant l'achat, il vous faudra bien évidemment choisir la façon dont vous souhaiteriez acquérir votre toutou.

LES ANIMALERIES

La facilité de trouver des animaleries près de chez vous peut vous pousser à trouver votre bonheur chez eux. Elles proposent également des prix plus avantageux que les élevages professionnels. Pourtant, il a été souvent prouvé que les animaux ayant grandi dans ce genre d'environnement avaient tendance à développer des problèmes de santé et autres troubles comportementaux à cause de la promiscuité excessive et du manque d'attention dont ils souffrent. Voici les documents nécessaires à récolter avant l'achat :

- Le certificat ou l'attestation de vente
- Le certificat de naissance
- Le carnet de vaccination
- Le certificat de bonne santé d'un vétérinaire
- Le document d'information sur les caractéristiques et les besoins du chien.

LE PARTICULIER

Que ce soit via des offres en ligne ou via un proche, l'option de trouver votre chien chez un particulier peut être intéressant financièrement parlant. Selon la qualité de votre choix, vous pourrez tomber sur de grands amateurs de chiens qui auront fait le nécessaire pour offrir le bon environnement et les soins adéquats au chiot. Malheureusement, ces offres peuvent cacher des abus de la part de « faux particuliers » et autres personnes à motivation uniquement lucrative. Soyez donc plus que vigilant ! Aujourd'hui, toute vente d'animaux de compagnie est réglementée pour protéger l'animal. Toute personne souhaitant vendre un chien doit donc avoir un numéro SIREN qui est un réel outil de traçabilité. Exigez également à ce que le vendeur vous fournisse - au minimum - ces documents :

- L'attestation de cession ou de vente
- Les documents d'identification du chien
- Le certificat de santé remis par le vétérinaire.

REFUGES ET ASSOCIATIONS

Recueillir un chien n'est pas seulement la garantie de payer moins cher, c'est également une très bonne action et une façon d'offrir un nouveau départ à un animal n'attendant que cela. Il faut toutefois noter que, selon leur passé, certains chiens vont être plus difficiles que d'autres. Soyez ouvert, mais testez votre compatibilité avec l'animal avant l'adoption. Et bien sûr, renseignez-vous sur l'individu auprès du personnel de refuge. Contrairement aux autres alternatives, ici, l'acheteur devra fournir des pièces justificatives avant de pouvoir accueillir le chien. Il vous faudra présenter :

- Une pièce d'identité
- Un justificatif de domicile
- Une attestation d'assurance civile dans certains cas
- Un justificatif de revenu
- Un extrait de casier judiciaire pour les chiens de seconde catégorie.

Après acceptation de l'adoption, le refuge vous fournira ensuite le contrat d'adoption.

ÉLEVAGE PROFESSIONNEL

Véritable gage de traçabilité et de qualité, l'élevage professionnel vous permet d'avoir un vrai chien de race. Cependant, même si les prix varient selon l'éleveur, ce professionnalisme a un coût qui n'est pas toujours donné. Bien évidemment, il faut bien choisir son élevage. Ci-dessous les documents à demander avant l'adoption

- Le contrat de vente
- Le certificat de naissance ou le pedigree provisoire/définitif
- Les documents d'identification du chien
- Le carnet de santé ou le passeport européen
- Le certificat vétérinaire de bonne santé avec une attention particulière pour :
    - Les résultats du test CYST dépistant la cystinurie
- Le document d'information et de recommandation détaillant les caractéristiques et les besoins du chien

Pour vous assurer du professionnalisme de votre éleveur, renseignez-vous sur :

- Les résultats de tests de santé des deux parents reproducteurs pour y déceler de possibles maladies/tares héréditaires transmissibles dans la lignée de votre chiot. Un bon éleveur aura normalement effectué ce test avant la saillie.
- Les tests ADN des parents reproducteurs qui aident également à connaître sa filiation (très utile pour ceux qui souhaitent éviter les croisements) et à en savoir un peu plus sur sa santé génétique.
- Les parents qu'ils devraient pouvoir vous montrer lors de votre visite.

POINTS A SURVEILLER

Un bon éleveur passionné par ce qu'il fait devrait avoir comme objectif l'amélioration de la race qu'il élève. Il doit donc connaître sur le bout des doigts les antécédents médicaux de tous ses chiens ainsi que leurs lignées. Beaucoup d'élevages font l'impasse sur cette démarche qui permet d'éviter les croisements et réduit les risques de pathologies spécifiques à la race. Si possible, essayez de vous procurer le plus d'informations sur ces points ci-dessous avant de sauter le pas :

- L'environnement dans lequel le chiot a évolué : l'espace alloué au chiot devrait être propre, suffisamment grand, lumineux, chaleureux et confortable.
- La socialisation : nous vous conseillons vivement d'effectuer le test de l'imprinting pour vous assurer qu'il est bien socialisé. Ce test qui peut se faire à partir d'un mois et demi permet de savoir si le chiot est réceptif et est à l'aise au contact des humains. Après vous être approché de la portée et placé au milieu des chiots, vous allez pouvoir évaluer son niveau de socialisation :
    - L'imprinting est réussi lorsque les chiots viennent directement à votre rencontre et semblent ouverts au jeu.
    - L'imprinting est incomplet lorsque les chiots sont méfiants au premier abord et prennent leur temps avant de vous approcher et de jouer avec vous. Il faudra

absolument compléter leur socialisation en les introduisant au plus vite à plus d'humains.

- L'imprinting est un échec si les chiots ne se rapprochent pas du tout de vous par crainte. Il est urgent de consacrer plus de temps à la socialisation pour éviter que le chien grandisse avec des lacunes dans son comportement.

- L'éthique de l'éleveur : renseignez-vous sur l'importance que l'éleveur attache au bien-être du chien et sur la qualité de vie des femelles reproductrices.
- La traçabilité : vous devriez pouvoir avoir accès à des informations sur l'origine de l'animal, son historique médical, ses caractéristiques et - dans le cas des éleveurs professionnels - à son arbre généalogique. D'autant plus si c'est un chien de race !
- Le respect de la législation : si votre éleveur ou la personne vous procurant le chien ne peut vous transmettre tous les documents requis lors de la vente d'un animal, méfiez-vous !
- La démarche de sélection : posez-vous la question de savoir si la sélection génétique de l'élevage est rigoureuse.

PRIX D'UN ÉPAGNEUL BRETON

Il est possible d'acquérir un Épagneul Breton entre 800 et 1700 euros. Le prix varie en fonction du sexe, de l'âge et du pedigree du chien.

OU ACHETER UN EPAGNEUL BRETON ? LISTE D'ELEVAGES

Il est toujours plus prudent de vérifier que le chien que vous allez acheter correspond vraiment à la race que vous recherchez. Ses caractéristiques devraient répondre aux normes établies par la FCI. Pour vous en assurer, il vous est conseillé de vous adresser directement à des éleveurs reconnus.

Dans le tableau ci-dessous, vous trouverez une liste d'éleveurs en France et auprès desquels vous pourrez acheter votre futur Epagneul Breton.

Département	Élevage	Téléphone	Adresse
01 Ain	DE LA FERME DE MAISON BLANCHE	04.74.52.38.63	01340 FOISSIAT
02 Aisne	DE LA FOSSE JEAN RASSART	03.23.63.39.89	02640 ST SIMON
03 l'Allier	DE BOJULAUR	04.70.42.66.01	03460 TREVOL
04 Alpes-de-Haute-Provence	AUS DER SCHLUCHT ZUM AUERHAHNS	04.92.73.16.18	04230 ONGLES
05 Hautes-Alpes	DES MINIS DU TERRAIL	04.92.44.16.88	05300 VENTAVON
06 Alpes-Maritimes	DAI CAMOUS	04.90.79.01.93	06390 CONTES
07 Ardèche	DES RIVES DE GAMONT	04.75.88.23.01	07530 ANTRAIGUES SUR VOLANE
08 Ardennes	DE LA MENÉE ÉCLATANTE	06.25.04.35.65	08190 ASFELD
09 Ariège	MASSAT PATRICK		09120 ST FELIX DE RIEUTORD
10 Aube	DU PARADIS D'OLIVER	03.25.73.17.46	10150 PONT STE MARIE

11 Aude	DE LA LUZE DE COUCOU	04.68.47.22.18	11600 FRAISSE CABARDES
12 Aveyron	DE LA LANDE DE TAMARA	05.65.47.68.21	12150 SEVERAC D AVEYRON
13 Bouches - du - Rhône	DE BASTIDE COULOMB	09.51.14.49.97	13720 LA BOUILLADISSE
14 Calvados	CASTEL QUI QU'EN GROGNE	02.31.67.61.89	14240 LES LOGES
15 Cantal	DE SAINT HERBOT	04.71.49.01.52	15600 ST ETIENNE DE MAURS
16 Charente	DE LA VALLÉE DU CHENE VERT	05.45.97.16.89	16140 ST FRAIGNE
17 Charente-Maritime	DE LA TOUR DE BROUE	05.46.83.72.52	17620 LA GRIPPERIE ST SYMPHORIEN
18 Cher	DE LA MAISON DE PAVEROCE	02.48.25.38.55	18340 ARCAY
19 Corrèze	DE LA FONTAINE DES CROZES	05.55.25.84.78	19130 VOUTEZAC
21 Côtes-d'or	DE LA CHAPELLE APOLLON	03.80.96.83.69	21150 POUILLENAY
22 Côtes-d'armor	DE BILI-GWEN	02.96.45.95.46	22160 ST NICODEME
23 Creuse	DE LA FERME DU CHEZ	05.55.82.36.38	23700 ROUGNAT
24 Dordogne	BEST OF FAROLAVE	05.53.82.07.01	24400 BEAUPOUYET
25 Doubs	DES BOIS DE SANDY	03.81.57.07.71	25220 AMAGNEY
26 Drôme	DE L'ANGELODIE	04.75.28.22.21	26170 BUIS LES BARONNIES
27 Eure	DE LA BALISOTIERE	06.24.93.76.70	27160 BRETEUIL
28 Eure-et-Loir	DE LA COUR DE DIANE	02.37.81.87.68	28240 MANOU

29 Finistère	AR AVEN PENNOD	02.98.26.79.01	29190 PLEYBEN
2a Corse-du-sud	DU DOMAINE DU GIBIER	04.95.22.83.28	20167 APPIETTO
2b Haute-corse	DE LA VALLEE DU NEBBIU	04.95.36.94.89	20290 LUCCIANA
30 Gard	D'ALPHA UMI ET SIGMA OCT	06.76.88.46.36	30360 MONTEILS
31 Haute-Garonne	D'AGUAF	05.61.56.30.09	31410 LE FAUGA
32 Gers	DE FEZENSAC	05.62.06.41.11	32190 JUSTIAN
33 Gironde	DE LA CROIX SYLVESTRE	05.57.84.90.75	33450 IZON
34 Hérault	DE LA FAUCONNE	04.67.98.48.84	34720 CAUX
35 Ile-et-Vilaine	DE LA GAUBERDIÈRE	02.99.46.10.84	35800 DINARD
36 Indre	DE LA BELLE DU BOIS JOLLY	02.54.31.10.69	36400 ST CHARTIER
37 Indre-et-Loire	DE LA CRIQUE DU KOREJOU	02.47.59.78.85	37160 ABILLY
38 Isère	DE LA CHARTREUSE DAUPHINÉ	06.30.02.58.14	38230 CHARVIEU CHAVAGNEUX
39 Jura	DE LA DIANE DU DROUVENANT	03.84.25.20.44	39130 ST MAURICE CRILLAT
40 Landes	DE CANTAOUZEL	05.58.75.77.07	40090 MAZEROLLES
41 Loir-et-Cher	DE NIELEDAME	02.54.87.23.18	41220 ST LAURENT NOUAN
42 Loire	DE LA BRUYÈRE DES VARRATS	04.77.24.33.60	42560 BOISSET ST PRIEST
43 Haute-Loire	DE L'AOURO	04.71.57.30.46	43510 CAYRES
44 Loire-Atlantique	DE LA COULÉE DE LA SINIERE	02.40.85.09.98	44220 COUERON

45 Loiret	DE FALCOR GERFAULT	06.08.52.93.30	45130 ST AY
46 Lot	DU MAZUT	05.65.38.02.80	46400 ST LAURENT LES TOURS
47 Lot-et-Garonne	DE LA PLAINE DE COUSTAL	06.75.99.53.67	47470 CAUZAC
48 Lozère	DE SAINT PIERRE DE NOGARET	04.66.32.61.69	48340 ST PIERRE DE NOGARET
49 Maine-et-Loire	DE LA CHALINIERE	02.41.54.66.19	49320 ST SATURNIN SUR LOIRE
50 Manche	DE LA BAUCRIE	02.33.57.67.52	50160 TORIGNY LES VILLES
51 Marne	DES MARAIS DE COURMONT	03.26.72.58.44	51290 DROSNAY
52 Haute-Marne	VOM HUNDEGELAUT	03.25.88.85.81	52500 ANROSEY
53 Mayenne	DE LA MEIGNANIERE	02.43.90.20.87	53340 SAULGES
54 Meurthe-et-Moselle	DE L'ECHO DES QUATRE VENTS	03.83.48.53.41	54210 ST NICOLAS DE PORT

55 Meuse	DES BOURBEAUX	03.29.87.36.60	55160 HAUDIOMONT
56 Morbihan	DE BARANTON	02.97.22.61.79	56430 MAURON
57 Moselle	DE LA CITE DES DIANES	03.87.62.29.92	57155 MARLY
58 Nièvre	DE LA CHAUME DES BARBIERS	03.86.50.58.77	58300 VERNEUIL
59 Nord	DE BERNICOURT	03.27.91.96.27	59286 ROOST WARENDIN
60 Oise	DES PLAINES ISARIENNES	03.64.20.33.51	60420 ROYAUCOURT
61 Orne	DE KERDRISS	02.50.75.10.34	61100 CERISY BELLE ETOILE

62 Pas-de-Calais	DE LA FERME DE L'ABBAYE	03.21.48.17.00	62156 BOIRY NOTRE DAME
63 Puy-de-Dôme	DE LA GRANDE LOUBEYRE	04.73.72.91.02	63220 BEURIERES
64 Pyrénées - Atlantiques	D'ARGUIBELLE	05.59.34.64.95	64570 LANNE EN BARETOUS
65 Hautes-Pyrénées	DE LA FUTAIE LOURDAISE	05.62.42.25.85	65100 LOURDES
66 Pyrénées - Orientales	DE CHANTEVENT DE SALVADOR	04.68.92.11.25	66270 LE SOLER
67 Bas-Rhin	DES BOUCANTES	03.88.95.75.17	67880 INNENHEIM
68 Haut-Rhin	BERNHARD BENOIT	02.89.47.73.82	68320 PORTE DU RIED
69 Rhône	DE LA RANCHE DU CHÊNE	04.74.67.49.08	69640 RIVOLET
70 Haute-Saône	DU BOIS AUX BECASSES	03.84.91.35.95	70170 AMONCOURT
71 Saône-et-Loire	DE DIOULA	03.85.50.56.79	71520 BOURGVILAIN
72 Sarthe	DE LA CAMPAGNE DES LISSES	02.43.34.53.89	72110 ST COSME EN VAIRAIS
73 Savoie	D'ARCLUSAZ	04.79.25.53.64	73110 ROTHERENS
74 Haute-Savoie	DE LA BUTTE DES ETOLES	04.50.03.65.20	74140 MACHILLY
75 Paris	BRUNEAU ROGER		75007 PARIS
76 Seine-Maritime	DE BEAUDRIBOS	02.35.34.16.20	76680 ST HELLIER
77 Seine-et-Marne	DANDY DOG	01.64.60.70.70	77320 BETON BAZOCHES
78 Yvelines	DES HEZES	01.34.97.00.69	78520 GUERNES
79 Deux-Sèvres	DE LA BLEURE RAMBAULT	05.49.81.67.99	79700 ST AMAND SUR SEVRE

80 Somme	DE LA BAIE DES GABIONS	03.22.27.78.80	80120 FORT MAHON PLAGE
81 Tarn	DE DABARBARA	05.63.36.30.89	81450 LE GARRIC
82 Tarn-et-Garonne	DE BOUFARIK	05.63.27.57.93	82700 BOURRET
83 Var	AU ROYAUME DES MINIS STARS	04.94.86.11.20	83890 BESSE SUR ISSOLE
84 Vaucluse	DE LA NESQUE	04.90.64.00.39	84390 SAULT

85 Vendée	DE LA BALINGUE	02.51.00.26.84	85200 MERVENT
86 Vienne	DE LA MARIE GRATTON	05.49.51.62.49	86440 MIGNE AUXANCES
87 Haute-Vienne	DE MONESTIES	05.55.39.00.22	87400 ST MARTIN TERRESSUS
88 Vosges	DE LA FONTAINE DES HOCIEUX	03.29.66.39.68	88460 TENDON
89 Yonne	DE LA FORÊT DE COURBÉPINE	07.87.66.24.26	89330 VILLEVALLIER
90 Territoire de Belfort	CREVOISIER GEORGES	03.84.28.14.94	90300 LACHAPELLE SOUS CHAUX
91 Essonne	DE LA COUR DURY	01.69.92.79.93	91150 BRIERES LES SCELLES
92 Hautes-de-Seine	GARZOLI BERNARD	01.43.50.36.00	92330 SCEAUX
93 Seine-Saint-Denis	LEWANDOWSKI PAULETTE	01.48.20.45.33	93200 ST DENIS
94 Val-de-Marne	DE LA COULEE NOTRE DAME	01.45.90.46.12	94880 NOISEAU
95 Val-d'oise	DE LA BLANCHE ALOUETTE	01.34.18.56.91	95240 CORMEILLES EN PARISIS

971 Guadeloupe	DE KARUKERA DE LA PENISSIERE	05.90.21.87.24	97118 ST FRANCOIS
972 Martinique	DE BLANCHE RIVIÈRE	05.96.57.94.31	97212 ST JOSEPH
974 Réunion	DU DOMAINE DE JAVA	06.92.60.78.89	97440 ST ANDRE

OU RECUEILLIR UN ÉPAGNEUL BRETON ?

Il peut être intéressant de vérifier si la race que vous cherchez se trouve dans les refuges près de chez vous. Recueillir un Épagneul Breton vous permet de faire une bonne action en prenant sous votre aile un chien, souvent adulte, qui a besoin de retrouver un maître suite à un abandon. Contrairement aux idées reçues, les chiens issus de refuges ne sont pas obligatoirement problématiques et n'auront pas forcément de difficulté à s'intégrer chez vous.

Les associations vous accompagneront d'ailleurs dans l'adoption d'un chien provenant d'un refuge pour permettre à l'animal ainsi qu'à vous de débuter votre voyage avec les bons outils. Grâce à des formalités - souvent jugées compliquées - les refuges font en sorte de vous trouver le chien qui sera compatible avec vous et s'assureront de le laisser à des maîtres capables de le garder.

La SPA fait partie des nombreuses associations accueillant les chiens abandonnés ou en détresse. Nous vous invitons donc à rejoindre leur site (https://www.la-spa.fr/adopter-animaux) pour, nous l'espérons, trouver votre nouveau compagnon de vie.

L'ÉPAGNEUL BRETON, POUR QUEL TYPE DE MAITRE ?

Les chasseurs correspondent au profil du maître idéal pour l'Épagneul Breton. Développés pour cette discipline, ces derniers sauront satisfaire son instinct de prédation.

Mais il n'est pas rare que ce magnifique chien se fasse adopter par des propriétaires étrangers aux terrains de chasse. Dans ce cas, ces personnes devront investir énormément de temps aux activités physiques de leur épagneul. Peu sédentaire, ce chien risque de vite déprimer s'il manque de stimulation. Prévoyez donc des randonnées et des vacances sportives pour préserver le bien-être mental de votre Épagneul Breton.

Même s'il peut s'adapter à tout type de mode de vie, il sera plus heureux dans les grands espaces. Si vous vivez en appartement, l'adoption de cette race n'est pas vraiment recommandée.

L'Epagneul Breton étant un modèle de douceur, son maître doit l'être tout autant. Il n'apprécie pas d'être brusqué. Les personnes peu patientes ne s'entendront donc pas forcément avec ce toutou sensible.

Vous pensez correspondre aux critères ? Savourez votre chance ! Une fois adoptée, vous ne pourrez qu'être séduit par la tendresse et la loyauté que vous réservera votre nouvelle boule de poils.

Fiches pratiques

L'EDUCATION POSITIVE

COMPRENDRE L'EDUCATION POSITIVE

Que ce soit dans les films, les émissions TV ou dans notre quotidien, il est toujours impressionnant de voir des chiens parfaitement disciplinés réaliser des prouesses physiques et mentales spectaculaires. Et en tant qu'heureux propriétaire d'un chien, vous vous êtes sûrement demandé comment faire pour que votre propre compagnon à quatre pattes puisse être aussi docile et obéissant. Et bien, il n'y a pas de secret : tout est une question d'éducation et d'investissement de votre part. Pourtant, pour un non professionnel, cette lourde tâche peut vite devenir démoralisante. Et si certains se tournent vers des éducateurs canins, d'autres se motivent à faire leurs propres recherches pour garantir l'apprentissage de leur toutou. Peu importe votre choix, l'important est de rester cohérent et constant dans son éducation.

RENFORCEMENT ET PUNITION

Au début de votre parcours, vous allez vite comprendre que plusieurs approches éducatives existent dans le milieu cynophile. Si leur objectif est le même : faire de votre chien un être obéissant, les méthodes et les outils tendent à différer. Aujourd'hui, l'approche la plus moderne et recommandée est l'éducation positive. Toutefois, avant de vous la présenter, il est important de revenir sur deux notions importantes pour comprendre les enjeux de l'éducation canine : le renforcement et la punition.

Le renforcement peut être positif ou négatif :

- Positif (R+) : doux et sans violence, il a pour objectif d'encourager et de récompenser les comportements désirés chez le chien en ajoutant un stimulus agréable (friandises, câlins, jeu ou clicker). Partant du constat qu'un chien voudra toujours choisir l'option qui lui procurera le plus de satisfaction, le renforcement positif se base sur la répétition de ces stimuli dans le but d'amener le chien à coopérer sans le forcer.

- ⊗ Négatif (R-) : le renforcement négatif se base sur l'évitement et l'utilisation de stimulus aversif comme les colliers d'éducation (étrangleur, électrique) ou les sanctions verbales et corporelles. Ici, l'objectif est de conditionner le chien à suivre une règle par souhait d'éviter l'utilisation de ces stimuli. Ainsi, dès que le chien adopte le comportement souhaité, le maître supprime le stimulus désagréable.

La punition peut également être positive ou négative :

- ⊗ Positive (P+) : très répandue, elle se base sur l'utilisation de stimulus désagréable lorsque le chien ne se comporte pas comme on le souhaite. Un exemple simple : votre chien veut sauter sur vous, ce qui ne lui est pas autorisé, le maître répond alors par une saccade sur le collier, un coup de journal sur le museau ou encore par des cris.
- ✓ Négative (P-) : elle est fondée sur la suppression d'un stimulus agréable lorsque le chien montre un comportement non désiré. Pour continuer sur l'exemple du saut, l'acte sera accueilli ici par l'arrêt de tout contact avec son chien (le contact représentant le stimulus agréable).

Maintenant que vous avez ces notions à l'esprit, il faut savoir que l'éducation positive se repose sur l'alliance entre le renforcement positif (R+) et la punition négative (P-). Cette combinaison qui est cohérente privilégie la coopération du chien au conditionnement par la sanction et l'évitement. Ainsi, toute autre combinaison n'est plus de l'éducation positive.

AUTRES TYPES D'APPROCHES EDUCATIVES

Vous allez vite découvrir qu'il existe de nombreuses approches d'apprentissage dans le monde canin. On peut dire qu'il y a autant de méthodes éducatives que d'éducateurs.

Dans un souci de simplification, nous pouvons les catégoriser en 3 groupes : la méthode traditionnelle, la méthode naturelle et bien sûr la méthode positive.

ÉDUCATION TRADITIONNELLE OU COERCITIVE

Ce type d'éducation se base sur la coercition et la combinaison entre le renforcement négatif (R-) et la punition positive (P+). Cette méthode, considérée comme étant l'approche éducative originelle, s'appuie sur la théorie de la hiérarchie et de la dominance. Cette théorie remonte à la fin des années 40 et vient des observations des loups en captivité du zoologiste allemand Rudolf Schenkel. Il en a conclu qu'une hiérarchie s'établissait entre les membres de la meute et que leur relation était organisée de manière compétitive :

- Le loup Alpha : chef et membre dominant, il est en charge de guider le groupe et d'assurer sa survie. Il est celui qui décide et qui mange en premier.
- Le loup Omega : dernier membre du groupe, il est celui qui est dominé et est soumis aux autres membres. Il mange en dernier.

L'un des grands défenseurs de cette théorie, le zoologiste David L. Mech, désavoue pourtant cette théorie en 1999 après avoir consacré un livre pour appuyer les études de Schenkel en 1970. Il admet alors que les interactions entre les loups reposent plus sur une coopération et une solidarité entre les membres du groupe qui opèrent comme une famille.

Toutefois, cette idée est restée populaire dans le milieu canin et beaucoup d'éducateurs et de maîtres continuent à baser leur apprentissage sur cette théorie.

En France, la méthode traditionnelle a été popularisée et standardisée par les clubs canins issus de la Société Centrale Canine (SCC). Ces clubs étaient dirigés par d'anciens maîtres-chiens de l'armée qui ont démocratisé les méthodes qu'ils utilisaient alors sur les chiens d'utilité. Les techniques adoptées ne prenaient pas en compte l'individualité du chien ni sa sensibilité. Seules la rapidité et l'efficacité comptaient.

Les méthodes ont bien évidemment évolué au fil du temps, mais le principe reste le même : soumettre le chien. Tout écart est alors sanctionné verbalement ou physiquement (punition corporelle ou utilisation d'outils coercitifs). Aujourd'hui, il arrive dans le meilleur des cas que les bons comportements soient récompensés par des caresses verbales ou physiques.

Si la méthode positive gagne du terrain dans le milieu cynophile, beaucoup de maîtres et de professionnels continuent à adopter les principes de l'éducation traditionnelle. Aujourd'hui, nous remarquons toutefois des abus liés à l'utilisation de matériel coercitif (colliers étrangleurs, à pic, électriques) qui finit par endommager le physique du chien. Et de même, de nombreuses études nous démontrent que la combinaison entre la punition positive (P+) et le renforcement négatif (R-) impacte l'équilibre mental du chien et son comportement sur le long terme.

ÉDUCATION NATURELLE

L'éducation naturelle se rapproche beaucoup de l'éducation positive dans la mesure où elle ne privilégie pas la contrainte et refuse l'utilisation d'outils coercitifs. La méthode naturelle nous vient de l'éthologue de terrain Joseph Ortega et de son observation des loups sauvages dans les années 80.

En observant l'interaction de la louve et de ses louveteaux, Ortega remarqua que ces derniers réagissaient de façon naturelle et bien précise à certains gestes envoyés par leur mère. Il en déduisit alors que ses gestes représentaient des signaux, pour ne pas dire des commandes, envoyés par la louve à ses louveteaux. Joseph Ortega décida alors d'appliquer ce type d'interaction instinctive dans les relations inter spécifiques entre l'homme et son chien.

Ainsi, comme avec la louve, le maître doit réussir à faire exécuter des commandes au chien sans que cela soit fait de manière contraignante. Pour encourager et motiver son chien à effectuer un geste voulu ou à se comporter d'une façon bien définie, le maître doit donc s'aider de friandises ou de jouets.

La méthode naturelle se base sur des idéologies renvoyant souvent à la méthode positive :

- L'importance accordée au respect du chien et à son individualité : tous les chiens ne se ressemblent pas, il faudra donc prendre en compte le comportement et la personnalité du chien dans son éducation.
- L'introduction d'une source de motivation pour encourager les bons comportements : les caresses, les jouets, les sorties, etc.
- Pour appliquer cette méthode, il faudra suivre deux principes essentiels :
- L'observation du chiot à tout moment pour déceler et anticiper tout comportement et geste plaisant. Ainsi, dès qu'il adopte le geste ou le comportement souhaité, on y associe le signal y correspondant. L'exemple typique est l'apprentissage du "Assis" : dès que votre chien s'assoit ou est sur le point de le faire, vous lui introduisez la commande "Assis" avant de le féliciter.
- La provocation du comportement voulu : à l'aide d'une gourmandise ou autre source de récompense, vous encouragez le chien à exécuter de lui-même un ordre. L'attrait de la récompense poussera votre toutou à suivre vos indications, vous pourrez alors le féliciter dès qu'il s'approche du but, en continuant l'exercice jusqu'à ce qu'il réussisse à exécuter parfaitement votre ordre. Par exemple, pour travailler le rappel, vous pouvez vous placer en face de votre chien avec une friandise à la main. Dès qu'il s'avance vers vous, vous pouvez prononcer l'ordre "Au pied" pour qu'il associe la commande au geste.

Cette éducation préconise un début d'apprentissage précoce (dès les premières semaines du chiot) pour qu'il puisse mémoriser correctement les bases de son apprentissage. Un chiot éduqué à la méthode naturelle devrait pouvoir maîtriser les ordres de base (assis, couché, pas bougé, debout) avant son sixième mois.

Cependant, contrairement à la méthode positive, cette éducation rejoint la méthode traditionnelle dans sa façon de voir les relations entre l'homme et le chien : la hiérarchie est essentielle et la relation de dominant/dominé y est pratiquée (ex. : exercices de hiérarchisation).

PRINCIPES DE L'EDUCATION POSITIVE

Il est vrai que l'on entend tout et son contraire sur la méthode positive. Avant de continuer, il est essentiel de comprendre que, non, l'éducation positive est loin d'être synonyme de laxisme et de laisser-aller. Aussi choquant que cela puisse paraître, l'éducation positive implique comme les autres formes d'éducation d'imposer des limites claires à son chien. Simplement, la façon de les imposer diffère des autres méthodes.

L'objectif de cette éducation est de renforcer les bons comportements du chien tout en anticipant et en éliminant les comportements désagréables. La récompense pour favoriser les bons gestes est privilégiée à la punition qui n'est pas pratiquée dans ce type d'éducation.

Basée sur les avancées éthologiques (science du comportement animal), c'est plus qu'une approche éducative, c'est tout une philosophie. Elle considère le chien comme un être à part entière avec des émotions, des envies et qui a également le droit au respect. Le chien, qui n'a en général jamais voix au chapitre a, grâce à cette méthode, l'option de choisir. Sans contrainte, on incite alors le chien à bien faire.

Refusant la théorie de domination et de hiérarchie, dans l'éducation positive, on voit plus le maître et le chien comme des individus ou des partenaires essayant de trouver les bons outils de communication pour cohabiter en harmonie.

LES RECOMPENSES

Un autre préjugé qui a la vie dure est de croire que l'éducation positive signifie donner des gourmandises à gogo à son toutou. Oui, c'est un excellent d'outil pour l'inciter à poursuivre les bonnes habitudes, mais cela ne veut pas dire qu'il est à utiliser avec excès. D'ailleurs, la méthode positive utilise plusieurs formes de récompenses : caresses, jeux, encouragements vocaux, utilisation du clicker, sorties sans laisse et tant d'autres encore.

Comme pour toute règle dans l'éducation canine, il faut de la cohérence et de la logique dans la distribution des récompenses. Les outils de motivation sont utilisés de manière intelligente et à des moments stratégiques. Le timing étant important, elles ne sont jamais gratuites. Et si au départ les récompenses sont systématiques, leur fréquence est progressivement réduite au fil du temps pour devenir aléatoire.

LES SANCTIONS

On entend déjà les détracteurs de cette méthode poser la fameuse question : "Mais si mon chien fait des bêtises, je laisse faire ?". Bien sûr que non ! Le chien aura bien évidemment besoin de limites et d'être sanctionné s'il les dépasse. Cependant, la sanction ne sera jamais coercitive ni violente.

La méthode positive tend à redéfinir ce que l'on entend par "bêtise". En effet, votre chien n'a aucune notion de bien ou de mal. Il est opportuniste et a pour seule motivation de se tourner vers l'option qui lui fournira la meilleure source de satisfaction.

Ainsi, le chien fugueur ou le chien ne répondant pas au rappel ne cherche en vérité qu'à assouvir son besoin de liberté.

De même, un chien qui "vole" de la nourriture sur la table a simplement sauté sur l'opportunité qui s'est présentée devant lui.

On peut également prendre l'exemple du chien dit "dominant" qui aboie sur son maître lorsque ce dernier s'approche pendant son repas qui souhaite simplement manifester son désir d'intimité.

L'éducation positive cherche avant tout à redéfinir la source du problème pour pouvoir présenter la meilleure solution adaptée à l'individu.

Pour reprendre l'exemple du chien qui ne répond pas au rappel, imaginez qu'il reçoive une punition corporelle (ex. : collier électrique) ou verbale lorsqu'il finit par exécuter l'ordre. Votre chien finira sûrement par comprendre que vous souhaitez qu'il revienne plus vite la prochaine fois, mais il associera également un sentiment négatif au rappel.

Par contre, si votre objectif est de suivre une approche positive, vous allez profiter de l'opportunisme du chien en renforçant l'exercice par des récompenses et en appliquant la punition négative : s'il tarde à venir ou se met à tourner autour de vous sans se mettre à votre pied, il faudra l'ignorer et s'éloigner pour attirer son attention. Lorsqu'il s'approche finalement de vous, il ne faut surtout pas le gronder et le récompenser.

Il faut en quelque sorte dévier le mauvais comportement du chien en lui proposant une alternative plus gratifiante pour lui. Ainsi, si la punition est proscrite dans l'éducation positive, il est possible de sanctionner le chien via la suppression de ses sources de satisfaction (ex. : friandises ou câlin) pour lui faire comprendre qu'un agissement n'est pas bénéfique pour lui.

En règle générale, la meilleure sanction reste l'ignorance.

LES AVANTAGES DE L'EDUCATION POSITIVE

Les récentes études d'éthologie nous démontrent que le fait de recourir à cette méthode présente de nombreux avantages :

- Un niveau faible de frustration, d'angoisse ou d'agressivité chez le chien qui ne ressent aucune pression liée à la soumission ou à la coercition.
- La réduction du nombre d'erreurs d'apprentissage sur le long terme.
- L'amélioration de la qualité du lien de complicité entre le chien et le maître.
- Une motivation avérée du chien qui souhaite réellement apprendre pour son plaisir et le plaisir de son maître.
- La création d'un environnement paisible et sûr pour le chien.

LES LIMITES DE L'EDUCATION POSITIVE

Cette approche éducative vous demandera plus d'imagination de votre part, car vous allez être amené à prendre en compte la personnalité de votre chien avant tout. Ici, pas d'outil magique et surtout pas de violence.

Voilà pourquoi les détracteurs tendent à questionner l'efficacité de cette méthode sur certaines races d'utilité (ex. : chiens de chasse) ou les races de chien jugées agressives ou têtues.

Ces personnes pointent ici la limite de l'éducation positive qui n'est pas adaptée pour ces chiens qui nécessitent après tout une éducation un peu plus musclée. En réalité, tout comme la méthode traditionnelle, l'approche positive regorge de différentes techniques qui sont très polyvalentes. Cette méthode cherche justement à travailler avec le tempérament du chien, son vécu, son comportement et les spécificités de sa race. L'éducation positive est adaptable et cherche à comprendre le chien avant tout. Peu importe le trouble comportemental du chien, différents types d'apprentissages existent pour reprendre l'éducation du chien et pour corriger/dévier les mauvais agissements.

Trois techniques sont d'ailleurs fréquemment sollicitées :

- **La désensibilisation progressive** : elle a pour but de transformer une émotion négative en émotion positive. Efficace dans l'éradication des phobies et de l'agressivité chez le chien, cette technique a pour objectif de confronter progressivement le chien à ses angoisses en l'introduisant petit à petit, selon son rythme, à la situation ou à l'objet redouté. Le niveau de désensibilisation évolue alors selon 3 facteurs : la distance, la durée et l'intensité. Cette approche progressive permet d'ailleurs d'apaiser les chiens habitués au rapport de force en évitant de provoquer leur réflexe de défense.

- **L'habituation** : pour développer une association agréable chez le chien, cette technique se base sur la répétition de stimuli positifs. Parfait pour les chiens phobiques, elle permet de changer une émotion négative en un sentiment positif (ex. : peur de l'aspirateur).
- **L'imitation** : cette technique comprend la présence d'autres chiens. Le but est d'introduire votre ami canidé à ses congénères afin qu'il apprenne les bons comportements via un individu de son espèce. Ici, la répétition est également de mise.

Ainsi, peu importe la morphologie, le tempérament ou l'âge du chien, l'éducation positive est ajustable et peut être pratiquée sur tous les chiens.

Cependant, par souci d'équité, il faut bien avouer que certaines dérives existent dans cette approche. Et comme dans les autres méthodes, les extrêmes existent.

LES PIEGES A EVITER

Certains défenseurs de l'éducation positive poussent le positivisme au laxisme : le "Non" n'est jamais utilisé, la fermeté n'est pas recommandée et le chien n'a aucune limite au sein de son environnement. Cela peut vite devenir dangereux autant pour vous que pour votre chien. Imaginez un chien incapable de se contrôler en société et ne maîtrisant pas le rappel ou les ordres de base ? Le pauvre toutou sera ingérable et les maîtres se demanderont alors pourquoi leur chien n'est pas obéissant. Désespérés, beaucoup s'imaginent ainsi que cette approche éducative est inefficace pour finir par se tourner vers des méthodes plus musclées.

N'oubliez pas, les limites sont là pour aider votre chien à devenir un être équilibré et stable en société.

LE "NON" DANS L'EDUCATION POSITIVE

Si le non peut être employé dans l'éducation positive, il faut toutefois savoir comment l'utiliser. Il est vrai qu'on a tendance à sortir le "Non" à tout bout de champ pour en devenir incompréhensible - et donc inefficace - pour le chien. Naturellement, votre toutou va arrêter toute action si vous vous mettez à lui crier un "Non" ferme en plein visage. Cependant, il ne comprendra pas forcément en quoi son acte ne vous a pas plu et le chien risque de recommencer ce qu'il a fait sans savoir que cela représente une "bêtise".

Pour lui, ce mot traduit juste une exaspération de votre part et non une explication. Certains chiens, dans la confusion et par peur de mal faire, vont d'ailleurs se recroqueviller sur eux-mêmes et cesser toute initiative pour éviter la sanction. Ce n'est évidemment pas l'objectif souhaité dans l'éducation positive.

- Cette approche cherche avant tout à encadrer et à guider le chien pour qu'il puisse se diriger sur la bonne voie. Bien employer le "Non" implique donc de : prendre une voix neutre lorsqu'on le prononce
- Précisez ensuite la commande et l'ordre que l'on souhaite faire appliquer. Ex. : "Non, pas bouger" ou "Non, au pied".

> **Bon à savoir** : si le "Non" a déjà été utilisé auparavant dans un contexte punitif ou de manière aversive, nous vous conseillons de le remplacer par un autre mot.

Des maîtres novices tendent à utiliser les récompenses - en particulier les friandises - avec excès. Cet abus de friandises rendra ce type de récompense inutile et peu valorisant pour le chien. L'apprentissage du bon timing et de la bonne fréquence dans l'utilisation des récompenses est également essentiel dans la réussite de cette éducation.

CONCLUSION

Pour finir, nous vous recommandons de faire attention aux éducateurs et autres professionnels qui adorent afficher l'étiquette R+ P- dans leur méthode d'apprentissage, sans gage d'authenticité ni de qualité. Ces spécialistes, surfant sur la vague du mouvement positif, auront tendance à confondre le maître inexpérimenté en introduisant des techniques loin d'être positives.

Mais finalement, le choix final vous revient. Encore une fois, il faut souligner que toutes les méthodes citées plus haut fonctionnent. Cependant, ce n'est pas tant au résultat qu'il faudra juger ces types d'éducation, mais sur leur impact sur la relation entre vous et votre chien. Posez-vous les questions qui comptent avant d'opter pour l'approche qui vous conviendra le mieux et qui, selon vous, sera plus adaptée à votre compagnon à quatre pattes : que souhaitez-vous vraiment faire transparaître de vos interactions ? Et quelle importance accordez-vous au bien-être de votre chien ?

LES FRIANDISES

Sans être un outil magique, la friandise reste une alliée de poids dans l'éducation canine. Inutile de se le cacher, nos toutous sont opportunistes et la plupart d'entre eux sont de vrais gloutons ! Voilà pourquoi l'utilisation de petites gourmandises est une véritable aubaine pour booster leur motivation. Associées à la méthode du renforcement positif, les friandises ont pour rôle principal de récompenser les bons comportements de nos compagnons à quatre pattes. Et si l'emploi de gourmandises est souvent critiqué, il est difficile de contester son efficacité. Mais (parce qu'il y a un mais), il est essentiel de s'en servir à bon escient. Eh oui ! Comme tout outil d'éducation, les friandises nécessitent d'être utilisées avec prudence et modération.

AVANTAGES DES FRIANDISES DANS L'EDUCATION CANINE

Les détracteurs de cet outil d'éducation accusent souvent ses utilisateurs d'acheter l'obéissance de leur toutou. Ils peinent à voir les bénéfices que les friandises apportent dans l'apprentissage canin. Pourtant, elles offrent de nombreux bienfaits… et pas que pour satisfaire la gourmandise de nos petites bêtes !

- Utiliser des friandises instaure tout de suite une volonté de coopération entre l'animal et son maître : à l'aide de l'outil, on motive son chien à adopter le bon comportement sans aller dans la confrontation. Cette démarche crée un lien de confiance entre les deux acteurs. Poussé par la satisfaction que lui donne la friandise, le chien se motivera pour vous plaire et bien agir. Et tout ça, sans violence ! Comme quoi, respecter la sensibilité de son toutou peut être payant.
- Contrairement à d'autres méthodes jugées coercitives, les gourmandises n'entravent pas l'harmonie entre le chien et son maître. Votre toutou considérera les séances d'apprentissage comme un jeu et non comme une torture… Il évoluera dans un environnement serein et encourageant où la sanction physique n'existe pas. Votre

compagnon ne fera donc aucune association négative aux séances. Bien au contraire, il sera excité à l'idée de mériter sa récompense. Cet outil est d'ailleurs plus que recommandé pour les chiens anxieux.

- La friandise est un outil passe-partout : que ce soit pour l'apprentissage d'une nouvelle commande ou pour désensibiliser votre toutou à des situations peu plaisantes, vous serez surpris par sa polyvalence. Elle peut même être utile dans la socialisation de votre ami canidé ou encore mieux, dans la prise de médicament pour les chiens récalcitrants.
- Comme le marché de l'alimentation canine ne cesse de croître, la composition des friandises évolue également. De nombreuses friandises actuelles jouent un rôle de compléments alimentaires et peuvent même aider à réduire la formation de la plaque dentaire et du tartre sur les dents de votre chien. N'hésitez pas à contacter votre vétérinaire pour vous guider dans votre choix.

LE CHOIX DES FRIANDISES

Afin de choisir la friandise idéale pour votre toutou, vous devez bien connaître votre chien. Chaque sujet est unique et vous devez tester bon nombre de friandises pour découvrir celles qui conviennent le mieux à votre compagnon. N'oubliez pas que votre chien est opportuniste : il privilégiera toujours ce qui lui donnera le plus de satisfaction. Ainsi, si vous choisissez la mauvaise gourmandise, ne soyez pas surpris d'obtenir des résultats mitigés. À vous de sélectionner les meilleurs outils pour votre ami canidé.

TYPES DE FRIANDISES CONSEILLES

Nous vous proposons ici 3 catégories de friandises recommandées pour votre chien. Bien évidemment, cette liste est loin d'être exhaustive.

Les friandises industrielles

Les biscuits : on en trouve de toutes sortes parmi les nombreuses marques canines avec des tailles et des ingrédients variés. Ils contiennent généralement du blé complet et d'autres composants appétents pour le chien. Même s'ils sont faibles en matière grasse, il ne faut pas en abuser étant donné leur teneur assez élevée en calorie.

Les pâtes à lécher : très utiles pour les toutous qui ont du mal à mâcher, ces pâtes industrielles sont fréquemment employées comme garniture dans les jouets de type Kong ou comme aide dans la prise de médicament. Elles ont un goût prononcé qui plaît énormément à nos chiens.

Les bâtonnets à mâcher : ces friandises sont, pour leur grande majorité, composées de peaux de bœuf ou de buffle ou encore de viandes séchées. Elles sont assez molles et bien adaptées aux chiots qui font leurs dents.

Les friandises "hygiéniques"

Ces gourmandises privilégient la santé bucco-dentaire de nos toutous. Deux options sont très populaires dans l'univers canin :

Les os à mâcher : cette "friandise" fait office de jouet et de brosse à dents pour nos compagnons afin d'empêcher la formation de tartre et de leur donner une meilleure haleine. S'il est possible de récupérer des os à mâcher chez le boucher du coin, les options plus industrielles existent. Les os à mâcher industriels contiennent essentiellement de la peau de bœuf. Ce type de gourmandise ravira vos toutous qui pourront s'occuper pendant des heures.

La corne de buffle ou de cerf : comme les os à mâcher, les cornes de cerf et de buffle servent de brosse à dents naturelle pour nos chiens. Très résistantes, elles se déclinent en plusieurs modèles. Il est ainsi possible de se procurer un modèle adapté à la mâchoire de votre toutou, à son âge ainsi qu'à sa taille.

Les friandises "maisons"

Pour les plus motivés d'entre nous, préparer soi-même les friandises de nos toutous peut être une excellente solution ! Moins chères que celles disponibles sur le marché, les gourmandises faites maison permettent aux maîtres de mieux contrôler l'alimentation de leurs chiens : vous savez exactement ce qu'elles contiennent et il vous sera possible d'incorporer les ingrédients préférés de votre compagnon canidé. Il vous suffit simplement de faire jouer votre imagination. Naturellement, il est important de choisir des ingrédients de qualité et de limiter la teneur en sucre et en graisse de vos petites douceurs !

Bon à savoir : bannissez les aliments nocifs pour vos toutous. Pour éviter tout accident, nous vous invitons à parcourir la liste des ingrédients toxiques et dangereux pour les chiens.

Enfin, peu importe le type de friandises sélectionné, nous vous recommandons de vous assurer auprès d'un professionnel canin que votre choix respecte l'organisme et la santé de votre chien.

Astuce : n'hésitez pas à alterner entre les friandises et à les hiérarchiser. Certaines gourmandises doivent être plus motivantes que d'autres. De cette façon, vous allez pouvoir récompenser votre toutou selon la difficulté de l'exercice et selon l'environnement où vous vous entraînez. Avoir une friandise "star" vous permettra ainsi de bien le canaliser dans des situations très stimulantes (ex. : rencontres avec d'autres chiens ou marche sans laisse).

TYPES DE FRIANDISES A BANNIR

Toutes les gourmandises ne se valent pas. Certaines sont même à supprimer de l'alimentation de nos compagnons à quatre pattes.

- Les restes de repas ne sont pas des friandises ! Souvent trop riches en graisse, en iode ou en glucides, elles sont un danger pour la santé de nos chiens. Elles risquent de développer chez eux des troubles cardio-vasculaires et des problèmes de surpoids. De plus, elles ne sont pas toujours adaptées à leur organisme et peuvent même les intoxiquer, voire endommager leurs intestins (ex. : os cuits de volaille, ail, oignons, piment).
- Les sucreries pour humain sont à éviter : les glaces et autres bonbons ne sont pas de bonnes alternatives. Ce qui est bien pour vous ne l'est pas toujours pour votre toutou.
- De manière générale, il vaut mieux choisir des friandises faciles à manipuler pour l'éducation de son chien. Pour les séances d'apprentissage, évitez de choisir des gourmandises trop molles ou trop pâteuses (ex. : fromage Kiri). La friandise est un outil performant lorsqu'on l'utilise précisément à un instant T. Ainsi, si vous mettez plusieurs minutes à le récompenser à cause du choix de la gourmandise, votre chien aura du mal à comprendre pourquoi il a été récompensé.

FACTEURS A PRENDRE EN COMPTE

Afin de choisir la meilleure option de friandise, nous vous recommandons de ne pas négliger ces informations spécifiques sur votre toutou :

Son âge et son poids : les besoins du chiot et du chien adulte ne sont pas les mêmes. Un chiot nécessitera des friandises riches en produits énergétiques et en calories contrairement à l'adulte qui aura terminé sa croissance. Il est donc important d'offrir les gourmandises adaptées à l'âge de son toutou. De même, un chien de grande taille ne devrait pas recevoir les mêmes types de friandises qu'un chiot ou un chien de petite race : on évite donc de donner des grosses friandises difficiles à mâcher aux toutous à petite mâchoire et aux chiots en pleine croissance. Sinon, vous allez vite endommager leur dentition...

Son état de santé : chaque chien est unique et tous les toutous n'ont pas les mêmes constitutions, le même rythme de vie ou encore le même état de santé. Selon les spécificités de chacun, il faudra ajuster la récompense. Heureusement, de nos jours, de nombreuses entreprises sur le marché proposent des friandises hypoallergéniques et adaptées aux problèmes de santé de nos toutous ainsi qu'à leurs antécédents (stérilisé ou pas).

L'avis de votre vétérinaire : rien de mieux que les conseils de son vétérinaire pour avoir l'esprit tranquille. Ce dernier connaît très bien votre chien et sera à même de vous recommander les meilleures marques et produits selon les besoins de votre ami canidé.

DONNER LES BONNES QUANTITES DE FRIANDISES

Il est essentiel d'ajuster l'utilisation des friandises à la ration quotidienne de votre toutou. Un manque de contrôle de votre part risque de créer des problèmes d'obésité chez votre chien. C'est d'autant plus vrai pour les gourmandises qui ont une forte teneur en sucre ou en graisse.

Nous vous conseillons donc de réduire son alimentation quotidienne selon la quantité de friandises donnée en plus au chien. Bien évidemment, il ne faut pas oublier que les gourmandises ne doivent surtout pas remplacer sa ration quotidienne ! En principe, les friandises ne devraient pas représenter plus de 10% de ses besoins caloriques journaliers. Ainsi, si votre chien a besoin de consommer 500 calories par jour, il ne devrait pas prendre plus de 50 calories de friandises dans la journée.

ATTENTION AUX DERAPAGES !

Si les friandises représentent un excellent outil d'éducation, il ne faut pas en devenir complètement dépendant. On entend souvent des maîtres se plaindre que leur chien ne les écoute qu'avec des gourmandises dans la main. Ou que le chien se démotive dès qu'on arrête de l'encourager avec les friandises. Ces comportements sont souvent dus à un manque d'équilibre et de limite quant aux friandises données.

La règle d'or est de se dire que les gâteries sont temporaires. Ainsi, dès que votre toutou maîtrise la commande ou le comportement que vous souhaitez lui apprendre, il est temps de réduire l'utilisation des friandises, pour finir par les éliminer complètement. À terme, vous pourrez remplacer les gourmandises par d'autres sources de motivation tout aussi performantes.

LES ALTERNATIVES AUX FRIANDISES

L'utilisation des friandises ne doit pas se faire sur la durée. Lorsque votre chien est bien entraîné, vous pourrez introduire d'autres types de récompenses qui restent dans la lignée de l'éducation positive. Les alternatives présentées ci-dessous ne sont pas forcément à employer après la friandise : elles peuvent être utilisées avant, pendant et même uniquement sans la présence de gourmandises. On oublie que tous les toutous ne sont pas friands de récompenses alimentaires. Encore une fois, c'est au maître d'estimer ce qui fonctionne le mieux pour son chien.

Les encouragements vocaux : certains toutous ont la volonté de plaire et sont d'un naturel obéissant. De simples compliments vocaux peuvent les contenter. Peu importe les mots choisis (ex. : "Oui", "Bon chien", "Bravo"), le plus important est de faire comprendre au chien, grâce à nos intonations, qu'on est satisfait de son comportement. N'ayez pas peur d'exagérer votre tonalité quitte à avoir l'air ridicule en allant dans les aigus. Vos intonations de joie doivent être nettement distinctes de votre intonation normale. Avec le temps, il comprendra parfaitement que le "Oui" et le "Bravo" sont des indicateurs positifs... et vous n'aurez plus besoin de vous embarrasser en public. On notera cependant qu'un niveau d'excitation trop élevé risque de déconcentrer le chien. Imaginez lui apprendre la commande "Pas bouger" : des encouragements trop extravagants risquent de casser la dynamique de votre toutou qui sera d'humeur plus enjouée et moins studieuse. Il faut donc trouver le juste milieu.

Les caresses : si les friandises permettent de créer un lien de confiance entre vous et l'animal, les caresses renforcent votre intimité. Pas adaptées à tous les toutous, elles peuvent être redoutables pour éduquer certains chiens appréciant les contacts physiques. De petites gratouilles à chaque geste correctement effectué peuvent parfaitement remplacer les friandises. Naturellement, si votre compagnon à quatre pattes n'est pas très tactile, évitons de lui imposer ce type de récompense qui risquerait de le traumatiser et de gâcher vos séances d'apprentissage par la même occasion.

Les séances de jeu : les méthodes ludiques sont vivement recommandées dans l'éducation canine. Au lieu de donner des gourmandises à son toutou, pourquoi ne pas le récompenser avec une séance de jeu ? Munissez-vous de jouets pour l'apprentissage de certaines commandes spécifiques (ex. : le rapport, les auto-contrôles). Par exemple, jouez au tir à la corde avec votre chien pour lui apprendre à lâcher un objet. Vous pouvez aussi lui lancer une balle pour lui apprendre à la rapporter. On peut également lui apprendre à se canaliser en jouant avec lui à chaque fois qu'il cesse de courir dans la maison, d'aboyer ou de sauter sur vous et vos invités. De même, les jeux sont une excellente façon de terminer une séance d'apprentissage, de quoi créer une association positive dans l'esprit de votre chien. Vous voyez, le jeu est un outil tout aussi polyvalent que la friandise !

Obtenir satisfaction : nous revenons encore une fois sur cette notion "d'opportunisme". Profitez du moindre désir de votre toutou pour lui enseigner une règle ou pour renforcer une commande déjà apprise. Mettons que votre chien souhaite sortir pour se balader avec vous : demandez-lui d'abord d'effectuer une série de commandes avant d'obtenir satisfaction. Votre toutou veut un câlin ? Demandez-lui de s'asseoir avant de lui donner ses papouilles. Même chose avant de monter sur le canapé ou avant de lui donner ses repas. Il doit comprendre que rien n'est gratuit et que tout se mérite avec un bon comportement. Si vous restez constant et cohérent tout au long de son éducation, cette méthode s'avère très pratique et facilite l'obéissance de votre chien.

Pour rappel, votre toutou est constamment en apprentissage et est très observateur : il va donc intégrer toutes vos règles, qu'elles soient enseignées de manière intentionnelle ou accidentelle. Évitez donc d'apprendre de mauvais comportements à votre toutou sans le vouloir. Un exemple tout simple : votre chien veut jouer avec vous et se met à aboyer ou à vous sauter dessus pour vous faire comprendre son désir. Agacé par ses caprices, vous vous exécutez pour le calmer. Vous venez ainsi d'apprendre à votre chien qu'il devra aboyer et vous sauter dessus s'il souhaite débuter une séance de jeu. Pas très sympa, n'est-ce pas ? Les prochaines fois, pour qu'il adopte une meilleure attitude, demandez-lui de se coucher ou d'effectuer un tour avant de lui donner satisfaction.

CONSEILS ET ERREURS A NE PAS COMMETTRE

Maintenant que vous connaissez les bases de l'utilisation de la friandise dans l'éducation canine, il faut veiller à adopter les bons gestes :

- ⊗ Évitez de rentrer dans un cercle vicieux en donnant systématiquement une friandise à votre toutou. N'hésitez pas à alterner entre les différentes alternatives de récompense et à réduire la fréquence d'utilisation des gourmandises au fil du temps. Naturellement, même sans friandise, il faudra bien féliciter votre chien.
- ⊗ Donner des friandises ne veut pas dire qu'il faut supprimer les contacts physiques : cet outil peut parfaitement être accompagné de caresses et autres démonstrations physiques.
- ⊗ Ne laissez pas votre chien dicter la dynamique : ne donnez jamais de friandise à votre ami canidé s'il commence à faire des caprices pour en obtenir et ne lui donnez des gourmandises que lorsqu'il effectue correctement le geste demandé. Peu importe s'il commence par vous attendrir avec ses gémissements. Vous êtes celui qui décide, et pas l'inverse.
- ✓ Le timing est essentiel : donnez la friandise tout de suite après que votre toutou ait adopté le bon comportement.
- ⊗ Ne faites pas perdre leur valeur à vos gourmandises : si vous lui donnez des friandises même lorsqu'il ne l'aura pas mérité ou pour de simples gestes qu'il maîtrise déjà, votre toutou peut perdre sa motivation pour des exercices plus compliqués. Après

tout, vous le félicitez déjà avec des exercices qui ne lui demandent aucune réflexion de sa part, pourquoi faire des efforts ?

- ✓ N'hésitez pas à hiérarchiser les types de friandises ainsi qu'à les utiliser selon le degré de difficulté des exercices et selon un environnement donné : optez pour des friandises plus alléchantes lors des sorties et dans des lieux avec de nombreux stimuli.
- ⊗ N'abusez pas avec les quantités : n'hésitez pas à fragmenter vos friandises en plusieurs petits morceaux. C'est d'autant plus recommandé pour les exercices nécessitant de nombreuses répétitions au cours de la journée, voire des semaines.

CONCLUSION

Pour résumer, les friandises s'avèrent être très utiles dans l'apprentissage de nos compagnons canins. Mais pour qu'elles soient efficaces sur le long terme, il est essentiel de bien savoir les utiliser. Les gourmandises ne doivent pas être données de manière excessive. Un usage abusif peut vite se retourner contre vous et créer une addiction chez le chien qui ne vous écoutera qu'avec les friandises. Et ce n'est pas l'objectif de la démarche ! Cet outil est à remplacer par d'autres alternatives avec le temps : les caresses, les encouragements vocaux ainsi que les jeux peuvent être de bonnes récompenses pour votre toutou.

Comme chaque chien est unique et afin de réussir l'apprentissage de votre chien à l'aide de cet outil, il est essentiel de vous procurer la gourmandise idéale pour lui. Choisissez des friandises qui plaisent à votre toutou. Dans le cas contraire, vous risquez de le démotiver.

L'UTILISATION DU CLICKER

La méthode du clicker training a le vent en poupe depuis les années 90. Elle se veut plus positive que les techniques utilisées à l'époque, jugées agressives. Si l'éducation au clicker semble étrange, voire compliquée au départ, elle peut être une puissante alliée dans l'apprentissage de votre toutou.

QU'EST-CE QUE LE CLICKER TRAINING ?

Popularisée par l'Américaine Karen Pryor, une auteure et biologiste du comportement animal, la méthode du clicker training se base sur l'utilisation d'un simple outil : le clicker. Qu'est-ce que le clicker me diriez-vous ? C'est un petit boîtier en plastique qui produit un son métallique et bien distinct dès qu'on appuie sur son bouton.

La méthode du clicker training privilégie la communication avec son chien plutôt que l'utilisation de la punition et d'autres techniques coercitives. Elle se base principalement sur un conditionnement positif : votre compagnon va proposer différents comportements qui seront marqués ou non par le clicker. Le bruit émis par le boîtier agit comme un indicateur d'un bon comportement résultant sur une récompense. À terme, votre chien devrait faire l'association entre le "click" entendu et la récompense. Loin d'être un ordre, le son produit par le clicker est donc un signal permettant de renforcer n'importe quel comportement de manière positive.

AVANTAGES DU CLICKER TRAINING

Avec les nombreuses techniques d'apprentissage qui existent dans le milieu canin, on peut se demander ce que le "clicker training" apporte de plus que les autres méthodes. Pourquoi rajouter une étape en plus au lieu de tout simplement travailler avec la récompense ? Et jusqu'à preuve du contraire, l'utilisation des encouragements verbaux ponctués des "Oui" et des "Bravo" à chaque bonne action semble être tout aussi efficace, non ?

Eh bien, sachez que le son du clicker comporte de nombreux avantages pour nos chers amis canidés :

- Le bruit émis par le boîtier est neutre et est identique à chaque utilisation. Contrairement aux marqueurs verbaux (ex. : "Oui" ou "Bon chien"), le son du clicker ne varie pas à cause des changements d'humeur. Le clicker ne connaît pas la frustration, la fatigue ou la maladie : l'intensité du son reste le même, quelle que soit la situation. Il est donc facilement reconnaissable pour le chien et est un outil plus performant que nos voix.
- Véritable booster de confiance pour votre toutou, le clicker training pousse votre compagnon à s'impliquer avec plus d'attention dans toutes les étapes de son apprentissage. Il doit utiliser ses méninges afin de produire le comportement souhaité. L'implication du chien dans le processus d'éducation permet de prolonger sa motivation et son enthousiasme.
- L'utilisation du clicker renforce la complicité entre le maître et le chien : vous allez devoir être très observateur et anticiper les moindres gestes de votre compagnon. Votre toutou, lui, va pouvoir apprendre dans un environnement plus positif, sans avoir peur d'être puni ou de commettre des erreurs. La méthode crée un lien de confiance tout en améliorant la compréhension entre les deux acteurs.
- Pratique pour les chiens agressifs, cette méthode vous donne la possibilité de travailler avec l'animal sans avoir à l'approcher de trop près ou à le toucher.

COMMENT DEBUTER AVEC LE CLICKER ?

Pour le maître novice, l'utilisation de cette méthode peut sembler déroutante. Pourtant, il n'y a rien de plus simple ! Bien sûr, il faut en connaître les bases pour profiter au maximum des avantages du clicker training.

La première étape implique de familiariser le chien à ce nouvel outil. Il doit apprendre à associer le "click" à la récompense. Sans la maîtrise de cette phase importante, il vous sera impossible d'éduquer votre compagnon à quatre pattes avec le clicker.

1. Habituez le chien à entendre le son du boîtier en l'utilisant régulièrement au cours de la journée. Le bruit est votre renforçateur secondaire.
2. Récompensez-le directement à chaque click. La récompense est le renforçateur primaire.

Le son du clicker doit donc absolument être associé à un renforçateur primaire pour être efficace. Sinon, le chien ne sera pas motivé à adopter le comportement souhaité.

Bon à savoir : l'éducation au clicker suppose l'utilisation de friandises comme récompense. Comme chaque toutou est différent, ce qui est appétent pour un chien peut ne pas l'être pour un autre. À vous de trouver la récompense idéale pour votre compagnon. Enfin, ce n'est pas parce qu'on travaille au clicker qu'il faut cesser les récompenses non matérielles (ex. : caresses, encouragements verbaux, séances de jeu) qui sont également appréciées par votre toutou.

Dès que l'association "click = récompense" a bien été établie, passez à la seconde étape où le clicker ne marquera que les bons comportements. Si par exemple vous souhaitez que votre chien apprenne à aller dans son panier, actionnez le clicker dès qu'il s'en approche. Continuez à renforcer le comportement souhaité en le guidant étape par étape, avec le son du boîtier, jusqu'à ce qu'il se trouve entièrement dans le panier.

Avec le temps, le chien va comprendre qu'il ne pourra être récompensé qu'en reproduisant un comportement donné.

Après plusieurs répétitions et lorsque votre toutou aura bien compris l'action qui lui est demandée, vous pourrez introduire le marqueur verbal (ex. : "Panier", "A ta place").

Comme toutes les techniques appliquées dans l'éducation canine, elles produisent des résultats mitigés en cas de mauvaise utilisation. Voici les conseils à respecter pour réussir la méthode du clicker training :

- Soyez précis ! Le timing est essentiel pour que le chien puisse bien comprendre le comportement demandé. Si vous actionnez le clicker un peu trop tôt ou trop tard, vous risquez de créer une confusion pour votre toutou. Inutile de paniquer, avec le temps, vous allez gagner en aisance.
- Dans le cas où vous cliquer au mauvais moment, il faudra tout de même récompenser le chien. Eh oui, on ne doit jamais mettre à mal l'association "clicker = récompense" qui est la base de l'éducation au clicker.
- Préparez vos exercices à l'avance : décomposez vos exercices en plusieurs étapes bien définies pour faciliter les séances. Puis travaillez chacune d'elles patiemment.
- Soyez patient et encourageant : évitez de gronder votre toutou s'il peine à comprendre vos souhaits. Le mieux est de baisser ses attentes en simplifiant, si possible, encore plus les étapes.
- Laissez le clicker communiquer à votre place : inutile de lui parler pendant les séances d'apprentissage. Vos mots peuvent vite l'embrouiller. N'introduisez vos ordres que lorsque le chien aura bien saisi le comportement désiré.
- Ne frustrez pas votre compagnon en lui imposant de longues séances d'exercices. 10 minutes par séance sont largement suffisantes. Il vous sera ensuite possible de programmer deux ou trois séances d'apprentissage au quotidien.
- Il est possible de hiérarchiser les réussites : si votre toutou a très bien travaillé ou a dépassé vos attentes, vous pouvez augmenter le nombre de clics et le récompenser à la hauteur de sa réussite et de ses efforts.
- Enfin, n'oubliez pas que l'éducation au clicker se base entièrement sur un renforcement positif sans punition : ne punissez donc pas votre chien au risque de l'angoisser.

LES 3 TECHNIQUES DU CLICKER TRAINING

Il existe trois techniques principales dans l'éducation au clicker.

LA TECHNIQUE DU LEURRE (*LURING*)

Très utilisée par les maîtres débutant dans le travail au clicker, cette technique consiste à utiliser une friandise ou un autre renforçateur primaire (un leurre) dans le but de faire exécuter un mouvement à son chien. Prenons l'exemple de la commande "Assis". Vous allez présenter le leurre au-dessus de sa tête pour l'amener à s'asseoir. Vous allez alors appuyer sur le clicker lorsque son arrière-train se pose au sol. Vous venez ainsi de marquer le comportement souhaité.

LA TECHNIQUE DE LA CAPTURE (*CAPTURING*)

Ici, le but est d'observer votre compagnon afin de "capturer" le comportement qu'il aura effectué librement, sans intervention de votre part. Selon le comportement voulu, cette technique peut être plus ou moins difficile. Si vous voulez, par exemple, apprendre à votre chien à aboyer sur commande, vous allez appuyer sur le clicker à chaque fois qu'il le fait. Et plus tard, vous allez pouvoir mettre un mot sur cette commande.

Il arrive néanmoins que le chien peine à comprendre ce que vous souhaitez lui faire faire. Ce peut être le cas pour l'apprentissage d'un simple "Couché" avec la technique de la capture : vous allez marquer le comportement avec un "click" lorsqu'il se met spontanément en position couchée. Si certains chiens vont tout de suite comprendre ce que vous attendez d'eux, d'autres un peu moins. Décontenancés, mais pensant bien faire, ils vont vous présenter des comportements qui n'ont rien à voir avec l'objectif ciblé.

Ne frustrez pas votre toutou et n'oubliez pas qu'il faut toujours le mettre en situation de réussite. Si la technique de la capture ne fonctionne pas avec votre ami canidé, changez pour une autre, plus adaptée à la situation.

LA TECHNIQUE DU FAÇONNAGE (*SHAPING*)

Cette technique est recommandée pour les exercices plus complexes. Le but est de décomposer le mouvement désiré en plusieurs petites étapes. Puis, on va marquer ses actions de "click" jusqu'à ce qu'il se rapproche du comportement final. Avant de débuter l'exercice, il est primordial de bien identifier chaque petite étape pour pouvoir guider correctement le chien vers l'objectif souhaité. Reprenons l'exemple de l'apprentissage du "Au panier" au chien : fractionnez au maximum le mouvement d'aller dans le panier. Commencez par marquer le comportement avec le clicker lorsqu'il s'approche de son panier. Puis, seulement lorsqu'il le touche, jusqu'à ce qu'il y pose la patte et finisse par y entrer.

LES LIMITES DU CLICKER TRAINING

Si l'éducation au clicker peut s'avérer être très efficace, ce n'est pas non plus une méthode miracle ! Des inconvénients et des obstacles peuvent surgir si vous ne l'utilisez pas correctement ou selon le tempérament de votre chien.

- ⊗ Bien que la méthode du clicker soit ciblée sur tous types de chiens, de races et d'âges, il arrive qu'elle soit moins pratique pour les maîtres avec des compagnons manquant de concentration et de discipline.
- ⊗ Tous les chiens ne sont pas friands de friandises. Si votre toutou fait partie des rares canidés à ne pas apprécier les récompenses comestibles, le clicker-training n'est peut-être pas fait pour lui.

- ⊗ Les détracteurs de cette méthode lui reprochent son côté frigide et peu chaleureux. Il est vrai que le contact avec le toutou n'est pas vraiment conseillé. Seuls le son du clicker et la récompense doivent pouvoir guider l'animal. Ce manque de contacts peut ne pas plaire à certains chiens qui réagiront mieux aux marqueurs verbaux, aux caresses et aux signaux corporels (ex. : gestes de la main).
- ⊗ Enfin, une mauvaise utilisation de cette méthode par des maîtres peu expérimentés peut créer des problèmes : le chien n'écoute qu'avec des friandises ou les mouvements sont mal fragmentés causant une confusion chez le toutou ainsi qu'un manque de confiance de sa part.

CONCLUSION

Bien utilisée, l'éducation au clicker produit des résultats phénoménaux. Mais comme toutes méthodes, elle n'est pas adaptée à tout le monde. Selon la personnalité du chien ou l'exercice enseigné, c'est au maître de savoir ce qui convient le mieux à son compagnon. Eh oui ! Chaque chien est unique ! Ce qui marche pour certains toutous peut ne pas fonctionner pour d'autres.

COMPRENDRE SON CHIEN

COMPRENDRE SON LANGAGE CORPOREL

Même sans la parole, votre chien s'exprime, alors comment comprendre ses gestes corporels canins ? Nos chiens ont leur propre mode de communication qui se base en grande partie sur leurs différentes postures et gestes corporels. Apprendre à décrypter leur langage corporel est donc primordial pour comprendre un peu mieux nos amis à quatre pattes. Bien sûr, cette compréhension requiert une observation poussée de votre part.

LES LIMITES DE L'ANTHROPOMORPHISME

On a souvent tendance à prêter des émotions humaines à nos amis canidés. Grave erreur ! Les réactions de nos boules de poils ne sont pas calquées sur les nôtres et bien des relations maîtres/chiens souffrent des mauvaises interprétations du maître. Eh non, les bâillements ne veulent pas forcément dire que votre toutou s'ennuie, tout comme les aboiements ne sont pas toujours un signe d'agressivité : selon le contexte, bâiller peut être une façon d'apaiser une situation, une manière de démontrer un malaise ou tout simplement un signe de fatigue. De même, aboyer sert à exprimer son excitation ou à attirer l'attention.

Une incompréhension entre vous et votre boule de poils peut générer des tensions dans votre relation : le chien a l'impression d'être franc et clair et ne comprendra pas vos réactions si vous ne tenez pas compte de ses messages. Faites donc attention à toujours rester observateur et à ne pas calquer vos émotions sur les siennes.

JOIE ET SERENITE

Lorsqu'il est heureux ou qu'il veut partager avec vous quelque chose de positif, votre chien est détendu, ses muscles sont souples et relâchés. Mais plus précisément, selon les émotions, on peut noter des variantes.

- Il se met sur le dos en se frottant les épaules et les reins sur le sol, parfois le museau aussi : votre chien exprime son bien-être. C'est toujours un plaisir de le voir comme ça ! Les yeux mi-clos sont aussi un signe de grande satisfaction.
- Il vous regarde avec la tête légèrement penchée. Son corps est un peu recourbé, et parfois il remue le bassin. Le chien n'hésite pas à vous lécher les mains en signe de gratitude.
- Il saute sur vous, remue énergiquement son arrière-train et sa queue, s'allonge avec les pattes avant tendues et l'arrière-train levé, jappe, aboie, parfois gémit : ce sont clairement des signes positifs, il ressent de la joie à vos côtés !
- Ses oreilles sont en position normale (inclinées vers l'avant) et il remue légèrement la queue lorsqu'il est parfaitement détendu.
- Votre boule de poils exprime de la joie lorsqu'il soupire en votre présence ou s'étire souvent.
- Il arrive qu'il montre son contentement en ouvrant légèrement la gueule, la langue pendante, pour laisser transparaître son sourire.

Bon à savoir : contrairement aux idées reçues, un chien qui remue beaucoup la queue n'est pas forcément heureux. En fonction du contexte et de la fréquence des battements, agiter la queue peut véhiculer la peur, la joie, la soumission ou la domination.

APPEL AU JEU

- Lorsqu'il prend la position du sphinx, mais avec l'arrière-train relevé, votre chien veut vous faire comprendre qu'il a envie de jouer et a besoin de se défouler. Souvent, une expression faciale qui rappelle le sourire, gueule à moitié ouverte, accompagne cette position.
- Certains chiens montrent leur volonté de jouer en faisant des bonds et en jappant.

ATTIRER L'ATTENTION

- Un chien qui se tortille en vous présentant son arrière-train cherche des caresses sur le bas du dos. Par contre, s'il souhaite des papouilles sur le ventre, il se met alors sur le dos, les pattes avant devant lui et le torse en avant.
- Chaque toutou à sa façon de communiquer pour réclamer son repas. Certains tendent la patte, d'autres aboient, gémissent ou donnent des coups de museau dans les bras ou les jambes. Le maître doit en tenir compte, sans s'exécuter aussitôt pour éviter de faire croire au chien que c'est lui qui décide.
- Un chien qui s'ennuie peut bâiller, gratter le sol, lécher interminablement un objet, gémir, se placer dans votre chemin en position du sphinx en vous regardant fixement, il peut aussi donner la patte avec insistance.

ÊTRE EN ALERTE

Un chien peut être attentif à votre voix comme aux bruits et odeurs familiers ou nouveaux, même si vous ne les percevez pas. Il dresse alors ses oreilles et redresse sa tête. Ses yeux sont grands ouverts et il reste immobile. Sa queue est relevée, parallèle au sol. Tant qu'il n'est pas tendu en avant sur ses pattes, il n'y a pas de raison de penser qu'il est angoissé. Votre toutou est simplement concentré sur ce qui l'entoure.

Pas besoin de vous inquiéter ! C'est une émotion qui n'est ni positive ni négative. Il faut toutefois faire attention à ces signaux envoyés par votre toutou lors des sorties quotidiennes, particulièrement s'il est sans laisse.

INCONFORT ET ANXIETE

Si les signaux qu'il perçoit lui semblent inquiétants, le chien fait comprendre à son maître son malaise et son angoisse à travers plusieurs gestes :

- Il est en alerte, se penche vers l'avant en tendant le cou au maximum, toujours immobile. Il peut émettre alors un léger grognement ou des aboiements.
- Les oreilles se penchent vers l'arrière, le chien s'aplatit un peu ou beaucoup, sa queue se trouve entre ses pattes et son dos est voûté. Ses muscles sont complètement tendus.
- Un chien stressé en dehors d'une situation de combat réagit à sa façon. Il peut se gratter ou se lécher avec insistance sur une zone du corps, ou bâiller à gorge déployée plusieurs fois de suite.
- Un chien qui ressent de l'inconfort a souvent les pupilles dilatées et a tendance à froncer le museau.
- Certains chiens essaient de fuir la situation qui les incommode en tournant le dos ou en détournant le regard.

AGRESSIVITE

Il arrive que votre compagnon devienne agressif soit parce qu'il a peur et souhaite sortir de la situation qui le met dans cet état, soit parce qu'il veut au contraire, menacer et chasser un intrus. Certains gestes sont à considérer :

- Pour impressionner, il hérisse le poil du dos, se tient droit et tient sa queue horizontale.

- Ses yeux sont exorbitants et ses babines retroussées, sa gueule est entrouverte et il montre ses canines.
- Il grogne de plus en plus fort et aboie. Son regard est fixe, mais il ne faut surtout pas le soutenir : c'est une marque de défi et une invitation à attaquer.
- Sa queue bat vers le sol, lentement et avec force.

Le plus souvent, tous ces signaux sont des avertissements. Il est encore possible de désamorcer une attaque, mais elle est imminente.

S'il s'agit de votre propre chien, il ne faut ni le défier ni vous soumettre. Si le chien n'est pas le vôtre, il vaut mieux adopter une attitude soumise. Dans tous les cas, il faut éviter les gestes brusques.

LES MESSAGES IMPORTANTS DANS LE LANGAGE CORPOREL DU CHIEN

Dans la vie des chiens, il y a encore d'autres variations selon le contexte. On sait par exemple que pour eux, il y a parfois un rapport de force !

SOUMISSION ET DOMINATION

Le chien qui se soumet fait en sorte d'apparaître plus petit qu'il n'est. Il peut s'allonger sur le dos, par exemple, ou se recroqueviller. La queue basse, le poil hérissé sur le dos, le regard fuyant, il garde le cou près du sol, mais le museau dirigé vers le dominant. Parfois, il le renifle et lui donne un petit coup de langue pour apaiser l'ambiance en montrant qu'il n'est pas en concurrence.

En revanche, le chien qui veut dominer essaie de paraître plus grand qu'il n'est et cambre le dos. Il est tendu vers l'avant, les oreilles droites ou un peu inclinées vers l'avant. La queue est horizontale et il grogne la gueule fermée, le regard fixé sur son adversaire. Ça, c'est pour le comportement de dominance agressive.

Une patte posée sur l'autre chien, le chevauchement ou la simulation sexuelle sont autant de signaux d'une domination pacifique.

PACIFICATION

Après une situation tendue, il n'est pas rare de voir un chien bâiller. Lorsque vous le grondez, par exemple, ce n'est pas parce qu'il s'en moque, c'est pour détendre l'atmosphère !

FAIRE CONNAISSANCE

Enfin, n'oublions pas que les glandes anales sont comme une carte d'identité pour les chiens. En se reniflant, ils en apprennent beaucoup sur le sexe, l'âge et l'état de santé de leur congénère. Il arrive, surtout chez les jeunes chiens, qu'ils reproduisent ce comportement avec les humains. Bien que nous ne soyons pas équipés de glandes pleines d'informations, ils arrivent à en apprendre pas mal par ce biais.

COMPRENDRE LE LECHAGE DU CHIEN

Votre chien n'a pas sa langue dans sa poche ? D'ailleurs, vous la retrouvez souvent sur vos pieds ou autre, cette langue baladeuse ! Les humains ne font pas ça, et vous vous demandez donc comment interpréter ce comportement. En fait, le message dépend de la situation et de ce que lèche le chien. Mouss va vous aider à décrypter ce langage corporel vieux comme le monde !

LE LECHAGE ENTRE LES CHIOTS ET LA MERE

Au tout début de leur vie, c'est leur mère qui commence à les lécher pour les rassurer, les nettoyer et leur montrer son affection. Dès leur plus jeune âge, les chiots sont donc habitués à ce contact qui les rassure.

Lorsqu'ils sont sevrés, ils ont le réflexe spontané de lécher le museau de leur mère pour lui faire savoir qu'ils ont faim. Pour des chiens domestiques, c'est un simple signal, mais chez les loups, c'est un moyen de stimuler la régurgitation de nourriture à demi-digérée, très indigeste pour leurs estomacs en cours de formation !

Certains chiens gardent longtemps l'habitude de lécher les mains de leur maître pour leur dire qu'ils casseraient volontiers la croquette !

LE LECHAGE ENTRE CHIENS

Venu du fond des âges, le réflexe du léchage à une signification très claire entre chiens. Lors d'une rencontre avec un nouveau chien considéré comme agressif ou dangereux, venir lécher ce dernier est un moyen de faire baisser la tension. En venant lécher le chien, il faut comprendre quelque chose comme : "tu vois, je n'ai pas l'intention de te combattre, on est entre amis, tout va bien !"

Dans ce cas, le léchage est à la fois un comportement social de paix et une marque de soumission. En refusant le combat, le chien qui lèche montre qu'il accepte de se considérer comme inférieur hiérarchiquement à celui qui se laisse lécher.

Entre deux chiens qui se connaissent bien et s'apprécient, se lécher mutuellement peut être une simple marque d'affection, comme des bisous ou des caresses !

POURQUOI LES CHIENS LECHENT-ILS LES HUMAINS ?

Les raisons qui entraînent un chien à lécher ses humains ou d'autres humains sont plus ou moins inspirées de ses réflexes ancestraux. Il est naturel que le chien lèche son maître pour dire :

- Qu'il le reconnaît comme supérieur dans la hiérarchie : soumission.
- Qu'il l'aime et qu'il est content de le voir et de passer du temps avec lui : affection.
- Qu'il a faim, comme avec sa maman.

Il peut aussi arriver que votre chien vous lèche parce que :

- Il aime le goût salé de votre sueur après une séance de sport. Il va alors lécher le visage, le cou, les bras, les pieds avec insistance.
- Votre gel douche ou crème hydratante a une odeur attirante pour lui.
- Il cherche à comprendre votre humeur et cherche les phéromones qui pourraient l'éclairer. Il se concentre alors sur les mains et les pieds.
- Le vétérinaire l'examine, il le lèche pour lui demander de prendre soin de lui et de ne pas lui faire mal (il est donc un peu inquiet).
- Dans des cas très rares, le chien lèche un de ses maîtres avec insistance parce qu'il le prend pour un partenaire sexuel. Il risque alors de devenir possessif et jaloux, il est donc nécessaire de remettre les choses à leur place rapidement !

Quoi qu'il en soit, pensez toujours à vous laver bien les zones léchées par le chien après, car vous n'avez pas le même système immunitaire et le risque d'infection existe !

LE CHIEN SE LECHE LE CORPS

On sait déjà que par mimétisme, le chien adopte les mêmes habitudes de sa mère lors de ses premières semaines et se lèche pour faire sa toilette. Mais de nombreuses autres raisons peuvent être évoquées pour expliquer ce comportement :

Par ennui : un toutou qui manque de stimulation a tendance à lécher certaines parties de son corps. N'hésitez pas à augmenter la fréquence ou la durée des promenades quotidiennes. Laissez-lui également des jouets de réflexion avant de vous absenter.

Pour attirer l'attention : votre compagnon est très observateur et se nourrit de vos habitudes pour se créer ses propres règles. Inconsciemment, vous avez pu lui apprendre que se lécher est la meilleure manière de captiver votre attention. Si telle est la raison, l'ignorer peut régler le problème.

Pour apaiser une douleur ou pour nettoyer une plaie : il arrive que votre chien se lèche une zone spécifique de son corps pour soulager sa douleur. Veillez à bien vérifier la zone en question pour voir si elle est infectée ou enflée. En cas de plaie, faites-en sorte de bien la désinfecter. Si les léchages sont accompagnés d'autres symptômes (ex. : boiteries, gémissements), consultez rapidement un vétérinaire.

Pour apaiser les piqûres de parasites externes : la présence de parasites peut expliquer le léchage excessif d'un chien. Il est donc important de vérifier régulièrement l'état cutané de votre toutou. En cas de présence de puces et autres parasites, utilisez des produits spécifiques pour les éradiquer (ex. : shampoing, anti-puces) et désinfectez au plus vite l'environnement du chien.

Par anxiété : certains chiens montrent leur anxiété et leur mal-être par des léchages excessifs. L'angoisse peut être causée par différentes situations et contextes (ex. : peur de la solitude, déménagement, nouveau membre dans la famille). Il est essentiel d'en trouver l'origine pour fournir la solution adéquate à votre boule de poils. Même si se lécher le détend, le fait d'insister sur une partie de son corps (ex. : patte ou aine) risque de faire partir les poils, d'irriter la peau et éventuellement de créer une plaie. Nous vous conseillons vivement de faire appel à un comportementaliste pour vous guider dans cet exercice.

POURQUOI MON CHIEN LECHE-T-IL DES OBJETS ?

Il peut arriver qu'un chien lèche avec application le sol, une chaise, un jouet, un coussin, etc. Lorsqu'il est dans un nouvel environnement, c'est tout simplement un moyen d'exploration par le goût ! Rien d'inquiétant !

Un chien qui lèche un jouet dans son panier ou tranquillement sur le tapis est peut-être en train de s'ennuyer. Dans ce cas, il suffit de le sortir ou de le faire jouer pour qu'il pense à autre chose.

Enfin, si le comportement devient compulsif, c'est peut-être une manifestation de stress ou d'un TOC (Trouble Obsessionnel Compulsif). Il faut alors observer le contexte dans lequel le léchage se déclenche pour essayer de comprendre la cause du stress. Là encore, il ne faut pas hésiter à faire appel à professionnel pour dénouer la situation !

POURQUOI CERTAINS CHIENS CREUSENT-ILS ?

Même si ce n'est pas très agréable de voir son toutou décorer le jardin en y creusant de nombreux trous, sachez que c'est un sentiment tout à fait naturel. Les ancêtres de votre chien adoptaient cette habitude pour y cacher et garder leurs nourritures. C'est donc un comportement ancré dans son caractère. Mais pour le bien de vos pétunias, nous vous rassurons tout de suite : des solutions existent !

LES RAISONS QUI POUSSENT LES CHIENS A CREUSER ?

Pour pouvoir trouver la solution adaptée à votre problème, il est important d'identifier la cause de son envie irrépressible de creuser.

L'ennui : lorsqu'il est seul dans le jardin plus de 15 minutes, si rien ne vient le stimuler, le chien peut s'ennuyer. Alors pour décharger un peu son énergie, il creuse ! C'est d'autant plus vrai si votre boule de poils n'est pas souvent promenée ou qu'elle se dépense peu.

La chaleur : lorsqu'il a trop chaud, le chien a conscience qu'il fait plus frais sous terre. À défaut d'autre solution, il se met donc à creuser pour s'abriter !

Pour enterrer : il fait ses propres réserves de nourriture ! Eh oui, c'est ancestral, mais mettre de côté des biscuits, des os ou des croquettes, cela peut rassurer certains chiens qui ont peur d'en manquer un jour !

Pour jouer : avec des bouts de bois ou des racines enterrées.

Pour trouver : quelque chose dont l'odeur l'attire : petits rongeurs dans leurs terriers ou cadavres de petits animaux, crottes de chats, vers de terre, larves d'insecte, etc.

Pour sortir de chez vous : s'il creuse près de la limite et en direction de l'extérieur, regardez ce qui se trouve dehors : chiens, enfants, animaux, etc. Peut-être votre toutou a-t-il besoin de se socialiser davantage !

COMMENT REAGIR QUAND VOTRE CHIEN CREUSE ?

Si vous sentez la moutarde vous monter au nez en le voyant dévaster consciencieusement vos plantations et votre gazon... il va falloir prendre sur vous !

Il n'est en effet pas possible de punir un chien pour un comportement "naturel". Ce serait incompréhensible pour lui. Encore plus si les trous remontent à plusieurs heures !

Si vous prenez le chien en flagrant délit, vous pouvez tout de même lui dire "Non !" ou "Stop !" et l'emmener plus loin pour le distraire avec une autre activité : jouer à la balle, faire des exercices pour apprendre de nouveaux tours. Il est important qu'il ne considère pas l'ordre de renoncement comme une punition : donnez-lui une friandise dès qu'il s'arrête de creuser.

Évitez de le sortir immédiatement en promenade : il risque de considérer que c'est la récompense pour avoir bien creusé. Vous voyez le topo !

ASTUCES POUR EMPECHER VOTRE CHIEN DE CREUSER

Rassurez-vous, il y a plein d'astuces pour détourner votre chien de vos plates-bandes !

Si votre toutou creuse par ennui, la meilleure solution est de faire en sorte qu'il se soit bien dépensé physiquement et mentalement :

- Sortez-le au moins 30 minutes par jour et n'hésitez pas à l'emmener en promenade plus longtemps et dans des endroits nouveaux. Il pourra se défouler, satisfaire sa curiosité et qui sait ? Peut-être même creuser en pleine nature !!
- Inscrivez-vous à des sports canins pour le fatiguer suffisamment et lui retirer toute envie de détruire vos parterres de fleurs.
- Présentez-le à de nouveaux camarades pour qu'il puisse être stimulé socialement.

- Jouez régulièrement avec lui. Ces activités ne pourront que l'aider à se calmer et à préserver l'esthétisme de votre plantation.

Nous vous conseillons également de rendre votre jardin plus attrayant :

- Lorsqu'il est seul quelques minutes au jardin, donnez-lui ses jouets préférés pour s'amuser.
- Dans le cas où vous comptez vous absenter quelques heures, éparpillez des friandises et des jouets de réflexion dans votre jardin pour le stimuler mentalement.

S'il fait chaud, prévoyez une petite piscine rien que pour lui, un tapis rafraîchissant ou un coin d'ombre bien frais dans votre jardin.

Si votre compagnon à quatre pattes creuse pour chasser des nuisibles ou des rongeurs, une intervention de votre part s'impose. Faites-en sorte d'éloigner ces petites bêtes de chez vous pour que votre toutou ait l'esprit plus tranquille.

Protégez les espaces que vous ne voulez pas voir creuser en mettant un grillage ou des branchages au sol, des pelures d'agrumes près de vos plantes, de grosses pierres sur les trous déjà commencés : cela devrait le décourager.

Si votre chien continue à creuser, il faut ruser en faisant un compromis : définissez un espace spécial pour qu'il puisse creuser, où vous mélangez la terre avec du sable. Pour qu'il oublie le reste du jardin, enterrez-y des os, des friandises, des "kongs" : un jouet rempli de croquettes, bref, des objets de grande valeur ! Bien entendu, il faut prendre soin de les enterrer quand le chien ne peut pas vous voir.

Naturellement, il faudra lui apprendre à renoncer au reste du jardin et à ne se concentrer que sur cette zone : récompensez-le dès qu'il creuse sur le lieu qui lui est réservé et prononcez l'ordre de renoncement dès qu'il creuse ailleurs.

PIEGES A EVITER

- ⊗ **Punir son chien** : n'oubliez pas que ce comportement est complètement naturel. Le gronder ou le punir serait injuste pour votre boule de poils, qui ne comprendra pas la raison de votre frustration.
- ⊗ **Creuser en sa présence** : on a compris, vous aimez jardiner. Nous vous déconseillons toutefois de creuser la terre lorsque votre toutou est présent, cela pourrait vivement l'inspirer !

POURQUOI CERTAINS CHIENS VOLENT ?

C'est une question de tempérament, certains chiens volent, d'autres pas. La nourriture, les chaussures, les jeux du bébé, etc. : la vie peut vite devenir compliquée pour vous si votre chien prend cette mauvaise habitude. Il vaut mieux réagir vite et bien pour l'éduquer à ne pas toucher à vos affaires.

POURQUOI VOTRE CHIEN VOLE ?

Dans bien des cas, un toutou qui vole aura adopté ce comportement durant sa jeunesse. Eh oui, sans même vous en rendre compte, votre boule de poils rassemble des informations sur son environnement : il est donc primordial de lui apprendre à agir correctement dès ses premiers jours chez vous. Si vous habituez votre chiot à accepter votre nourriture lorsque vous êtes à table, ne vous étonnez pas si, plus tard, il en vient à chiper dans votre propre assiette.

Hormis une mauvaise éducation et un manque de structure, certaines raisons peuvent faire que votre chien se mette à s'emparer d'objets ou de votre nourriture :

Votre chien a faim : certains chiens sont de vrais gloutons et ne résisteront pas à l'idée de manger tout ce qu'ils trouvent sous leurs pattes. Autant vous dire qu'il est impossible de laisser refroidir sa tarte aux abricots près de la fenêtre avec ce genre d'individu ! Mais faites toutefois attention à ce que cette gloutonnerie ne vienne pas d'un problème de santé ou de nutrition. Ainsi, les chiens diabétiques et ceux qui présentent une carence nutritionnelle ont tendance à constamment avoir faim. N'hésitez pas à consulter votre vétérinaire pour écarter cette hypothèse.

Votre chien s'ennuie : certains chiens manquent cruellement de stimulation mentale, olfactive ou physique à la maison. Ils se rabattent donc sur d'autres activités pour tromper leur ennui.

Votre chien veut jouer : votre ami canidé a compris que chaparder certains objets vous poussait à lui courir après. Pensant jouer avec vous, le chien associera donc le vol à une activité ludique.

LES RISQUES

Pour votre chien, tout est jeu ou nourriture. Ce qui vous dégoûte, comme un animal en putréfaction, un emballage en plastique, un bout de pneu, lui semble très attirant. Dans bien des cas, d'ailleurs, son estomac supporte très bien ces écarts de régime. Mais il peut y avoir des accidents.

Par ailleurs, si le chien prend l'habitude de se servir dans vos affaires, sur votre table et dans votre poubelle, il peut avoir une conduite agressive guidée par l'incompréhension le jour où vous trouverez qu'il dépasse les bornes. C'est la porte ouverte à la situation de crise !

Enfin, et je ne vous fais pas un dessin, le chien voleur se sert dans votre assiette et vos bols qui sont alors bons pour la vaisselle. Il peut aussi cacher les objets qu'il vole, ce qui peut devenir insupportable si vous devez passer votre temps à chercher des objets du quotidien.

COMMENT EDUQUER UN CHIEN VOLEUR ?

Comme souvent, ne dramatisez pas, mais ne laissez pas passer non plus. Nous vous proposons ici quelques idées pour aider votre toutou à se débarrasser de cette mauvaise habitude :

Éduquez-le ! Dès sa plus tendre enfance, imposez des règles à votre compagnon à quatre pattes :

- Habituez-le à manger à des heures fixes. Dans le cas où vous souhaitez lui donner vos restes, nous vous conseillons de les lui donner directement dans sa gamelle.
- Interdisez-lui certaines pièces de la maison (ex. : cuisine).
- Ne le laissez pas tourner autour de vous lorsque vous cuisinez ou lorsque vous mangez à table : demandez-lui d'aller dans son panier si besoin.
- Dans le cas où vous avez plus d'un animal de compagnie à la maison, votre toutou doit avoir ses propres accessoires et son espace propre à lui (ex. : gamelles, jouets, panier). Il sera moins tenté d'aller piquer chez les copains !

Apprenez l'ordre "Pas toucher" à votre chien : lorsque le chien s'approche de la nourriture, il faut lui opposer un "Non" très ferme et suivi de la commande "Pas toucher". Répétez la commande des centaines de fois si nécessaire. Lorsqu'il semble avoir compris que la nourriture n'était pas pour lui, vous pouvez le récompenser avec un biscuit à lui.

- Si le chien vole des objets, profitez de son absence pour les récupérer et les remettre à leur place. Vous pouvez même associer le lieu où se trouvent les objets qu'il aime voler à une sensation désagréable : une pile de cartons prête à dégringoler sur les chaussures, par exemple, ou un couvercle prêt à tomber sur la poubelle. Vous aurez le double avantage de le voir fuir et d'être averti.
- Promenez suffisamment votre toutou et n'hésitez pas à jouer avec lui pour le fatiguer. Un chien épuisé fera moins de bêtises durant votre absence. De même, laissez-lui des jeux de réflexion pour qu'il puisse être stimulé mentalement.
- Si votre compagnon semble avoir tout le temps faim, n'hésitez pas à consulter un vétérinaire pour vérifier son état de santé ou pour changer pour une alimentation plus adaptée à ses besoins.
- Soyez cohérent ! Évitez de changer les consignes en cours de route. Tous les membres de la famille doivent adopter les mêmes règles, y compris vos invités.

Si votre chien vole, c'est parce qu'il ne fait pas la différence entre ses affaires, sa nourriture et les vôtres. Si vous le grondez, il risque de ne pas recommencer... en votre présence. Bonjour la confiance à la maison alors !

À table, il ne faut surtout pas donner de nourriture au chien : un bout de fromage ou de poisson et il considère que ce que vous mangez lui est également destiné. D'une manière générale, d'ailleurs, si vous avez l'habitude de lui donner les restes, il vaut mieux le verser dans sa gamelle quand il est occupé ailleurs. Entre temps, et surtout tant que votre chien n'est pas habitué, ne laissez pas de tentations sous son nez !

Enfin, certains maîtres réagissent par le rire lorsque le chien s'empare d'un objet et l'emporte. Cette attitude conforte le chien dans l'idée que c'est un jeu. D'autant plus si après, vous le poursuivez et essayez de lui reprendre l'objet. Il trouvera ça très drôle ou risque de s'énerver et de mordre.

Conseil : ne retirez jamais directement de la nourriture de la bouche d'un chien. Ce dernier peut devenir agressif et vous blesser. Détournez son attention avec un jouet ou une friandise pour qu'il lâche, de lui-même, ce qu'il a entre les dents.

POURQUOI CERTAINS CHIENS SONT-ILS JALOUX ?

Un chien jaloux, c'est tout à fait possible ! La jalousie d'un chien peut se produire à l'arrivée de quelqu'un de nouveau dans la maison. Il est ainsi fréquent qu'un chien et un bébé ne s'entendent pas dans les premières semaines. Il est alors très important de bien réfléchir à l'éducation du chien, car une petite jalousie peut vite mener à de vrais problèmes relationnels. Comment réagir face à un chien jaloux ? Voyons cela ensemble.

MON CHIEN EST JALOUX : EST-CE NORMAL ?

Il y a peu, nos voisins ont eu la chance de devenir parents. Le problème est que Kitty, leur petite Chihuahua, n'a pas du tout apprécié l'expérience. Elle s'est en effet mise à demander leur attention par des aboiements ou des jappements, et ce, dès qu'ils faisaient mine de s'occuper de leur bébé.

Cette apparition de jalousie entre un chien et un bébé est fréquente. Il faut savoir que le comportement d'un chien est fait de petites habitudes. Si une chose vient bouleverser ces habitudes, comme l'arrivée d'un autre animal, d'un enfant ou encore d'un nouveau ou d'une nouvelle petit(e) ami(e), un chien peut facilement devenir jaloux...

En réalité, la jalousie du chien n'est pas un phénomène naturel. La jalousie est souvent déclenchée lorsqu'un chien a été trop couvé et qu'un changement de situation intervient. De nombreux experts cynophiles s'accordent même à dire que ce qu'on perçoit comme étant de la jalousie se rapprocherait plus d'un comportement de sauvegarde des ressources et leurs sources. Ainsi, le chien très (voir trop) attaché à son maître aura tendance à ne pas vouloir le partager avec d'autres personnes ou espèces, tout ça pour protéger ce qu'il juge être à lui.

COMMENT REAGIR AVEC UN CHIEN JALOUX ?

Dans la plupart des cas, un chien jaloux le devient à cause du comportement de son maître. La pire erreur à faire au moment d'éduquer son chien est de le considérer comme un enfant ou un être humain. Ainsi, dès son enfance, veillez à imposer des limites à votre toutou. Évitez de le traiter comme un bébé, de l'avoir tout le temps près de vous pour des séances de papouilles ou de le prendre constamment dans vos bras. Ce phénomène est très souvent remarqué chez les propriétaires de chiens de petite taille. Sachez que vous ne rendez pas service à votre compagnon : vous encouragez, sans le savoir, le développement de troubles comportementaux chez votre chien.

S'il est déjà trop tard et que votre chien est jaloux, il va falloir prendre une série de mesures. Mais avant tout, il est important de reconnaître les symptômes de la jalousie :

- Votre chien se met à grogner ou à gémir dès que vous ne lui accordez aucune attention.
- Il devient soudainement agressif lorsque vous entrez en contact avec une autre personne ou espèce.
- Son attitude a changé : comportements destructeurs, malpropreté, refus de s'alimenter, etc.

Nous vous recommandons également de faire appel à un vétérinaire ou à un comportementaliste pour être sûr que le changement de comportement est lié à de la jalousie et non à un problème de santé.

DECOUVREZ L'ORIGINE DE LA JALOUSIE

Qui dit chien jaloux dit changement. Commencez par déterminer clairement ce qui dérange le plus votre animal. Un chien peut devenir jaloux parce que vous ne lui accordez plus assez d'attention, ou encore parce que vous donnez ses jouets à un autre animal.

HABITUER VOTRE CHIEN A UNE NOUVELLE SITUATION

En cas d'arrivée d'un bébé ou d'un nouvel animal dans la maison, il va falloir rassurer votre chien jaloux. Le pire à faire serait de l'enfermer et de ne plus lui accorder d'attention. Faites en sorte que votre chien s'habitue progressivement à cette nouvelle présence et ne rendez pas l'arrivée d'un nouveau venu traumatisante pour lui.

CHANGEZ LE COMPORTEMENT DU CHIEN

La jalousie est un problème de comportement du chien. Pour que votre animal change de comportement, il va falloir l'éduquer. Tâchez ainsi d'apprendre de nouvelles pratiques à votre toutou.

Récompensez-le quand il est calme auprès de l'objet de la jalousie et faites en sorte qu'il comprenne le comportement que vous attendez de lui. Si nécessaire, ignorez votre chien quand il adopte le mauvais comportement. Mais attention à ne pas le mettre totalement de côté. Sa jalousie risquerait d'empirer !

GARDEZ LE MEME RYTHME

Le chien est un être qui est très attaché à sa petite routine. Il peut donc mal réagir à un bouleversement dans son rythme quotidien. Dans la mesure du possible, essayez de garder la même routine à la maison. Que ce soit pour l'heure des repas, des sorties quotidiennes ou des séances de jeux : essayez de préserver le même emploi du temps. Bien évidemment, si cela n'est pas envisageable, faites-en sorte de changer progressivement et en douceur sa routine. L'objectif pour le maître est de faire comprendre à son toutou qu'il compte toujours autant et qu'il a toujours accès aux ressources et aux activités qu'il aime (ex. : nourriture, jeux, promenades).

NE SOYEZ PAS AGRESSIF

Enfin, ne réagissez jamais négativement face à la jalousie du chien. N'oubliez pas que vous êtes en partie responsable de cette situation. Être agressif pourrait pousser votre chien à le devenir.

Si la jalousie d'un chien devient trop envahissante et que vous n'arrivez pas du tout à la stopper, il sera important de réagir. Pour cela, l'idéal est de faire appel à un comportementaliste canin qui pourra parfaitement vous aider.

ERREURS A NE PAS COMMETTRE

La jalousie n'est plaisante ni pour le maître ni pour le chien. Pour éviter d'envenimer la situation, certains comportements sont à bannir :

- ⊗ **Cédez à chaque caprice** : vous êtes sûrs d'encourager votre toutou à continuer ses jérémiades, aboiements et autres comportements gênants.
- ⊗ **Faire du favoritisme** : si vous accueillez un nouvel animal chez vous, ne négligez pas l'un d'eux au profit de l'autre. Accordez-leur la même attention.

COMPRENDRE LE GROGNEMENT DU CHIEN

Irrité ? De mauvaise humeur ? Nerveux ? Avouez qu'il y a des jours où vous grognez volontiers sur votre entourage ! Votre chien aussi peut se sentir dépassé par des situations. Aussi inquiétante cette attitude soit-elle, la réponse doit être adaptée, justement pour éviter les dérapages et les malentendus. Plutôt que d'entrer dans le conflit, voyons ce que vous pouvez faire pour rendre le sourire à tout le monde !

POURQUOI VOTRE CHIEN GROGNE-T-IL ?

Le grognement est associé à l'agressivité, mais on se trompe souvent sur son but. Tout grognement n'est pas synonyme de morsure imminente. Grogner fait partie d'un processus de communication normal et ne veut pas dire que votre chien a un problème. Dites-vous que votre toutou essaye à sa façon de vous transmettre un message. Avant de paniquer, il est donc conseillé de chercher à comprendre la raison de ces grognements. Et autant vous dire que les raisons poussant votre boule de poils à grogner sont nombreuses :

Des grognements de possession ou de territorialité : le chien grogne pour qu'on s'éloigne de son territoire ou de ce qui lui appartient (ex. : gamelle).

Des grognements d'alerte : le chien cherche à vous faire comprendre qu'une situation le stress, l'angoisse ou le rend mal à l'aise.

Des grognements de douleur : le chien réagit à chaque fois que vous touchez une zone précise de son corps.

Ainsi, votre compagnon grogne en réponse à une situation stressante pour lui. Et contrairement aux idées reçues, le grognement est un signal d'alarme dont l'objectif est d'éviter le conflit et non de le déclencher. Dans les codes de communication entre chiens, c'est un signal très clair permettant de signifier une gêne et est destiné à éviter la dispute.

En langage chien, le grognement pourrait dire "Tu me déranges, laisse-moi !" ou "J'ai peur, éloigne-toi !".

Le problème, c'est que l'homme y voit une attitude de rébellion et la crainte d'une morsure imminente. Il y répond donc souvent par un acte de punition violente. La réponse est incompréhensible pour le chien, qui voulait justement donner une information pour éviter cette situation !

Ceci étant dit, il est important de différencier deux types de grognements :

- **Le chien à la mâchoire fermée** : ici, il souhaite tout simplement vous alerter et essaye d'éviter le conflit.
- **Le chien montre ses dents** : soyez prudent, car il a clairement l'intention d'attaquer.

QUE FAIRE QUAND VOTRE CHIEN GROGNE ?

Attention, ces explications ne veulent pas dire qu'il faut laisser votre chien grogner à chaque fois que quelque chose le dérange. La situation pourrait vite devenir insupportable et ni vous ni lui n'en seriez plus heureux !

Lorsque votre chien grogne sur vous ou sur quelqu'un de votre entourage, c'est qu'un élément de la situation le dépasse, l'inquiète ou le perturbe. En fonction de leur histoire, les chiens sont sensibles à des éléments spécifiques.

Voici quelques conseils pour réagir face à un chien qui grogne :

- Essayez de comprendre ce qui provoque le grognement : douleur, stress, gêne, peur ?
- **Faites cesser la situation qui gêne visiblement votre chien** : un bruit fort, la présence d'un autre chien, des caresses, un jeu. C'est une réponse qui est compréhensible pour le chien et qui devrait faire cesser le grognement.

- **En cas de grognements fréquents, consultez un vétérinaire** pour vérifier qu'ils ne sont pas causés par un problème de santé. Dans le cas où la raison n'est pas d'ordre médical, faites appel à un comportementaliste pour vous aider à rétablir l'harmonie entre votre chien et vous.
- **Respectez la zone de confort du chien** : si vous sentez que votre toutou est gêné ou effrayé par une situation, détournez votre regard et laissez-lui de l'espace pour respirer. Non, cela ne veut absolument pas dire que vous vous soumettez à votre chien. Votre boule de poils comprendra simplement que vous respectez son espace vital et que vous n'avez aucune envie d'entrer en conflit avec lui.
- **Votre toutou se met à grogner lorsqu'on s'approche de sa gamelle** ? Habituez-le, dès son plus jeune âge, à attendre votre autorisation avant de se ruer sur sa gamelle à l'heure des repas. Une autre astuce est de s'approcher pour rajouter des friandises dans sa gamelle afin de lui faire comprendre qu'on ne compte pas lui voler sa nourriture.
- **Votre toutou se met à grogner lorsqu'on vient le câliner quand il est dans son panier** ? On ne peut que vous préconiser de respecter les lieux de refuge de votre compagnon. Imaginez qu'on vienne vous embêter durant vos siestes, vous ne seriez pas content non plus n'est-ce pas ?
- **Dans les bons moments,** caressez-le et récompensez-le pour renforcer vos liens.

Enfin, il suffit, pour détendre l'atmosphère, d'enseigner un ordre sous forme de récompense pour rétablir de bonnes relations.

LES PIEGES A EVITER

Lorsqu'il grogne, le chien attend une réponse pacifique.

- **Regarder dans les yeux un chien qui grogne** : c'est un signe de défi. Pour lui c'est une provocation.
- **Acculer un chien qui a peur** : il grogne pour dire qu'il veut fuir parce qu'il est effrayé. S'il est coincé, il risque de mordre pour sortir de cette situation.

- ⊗ Insister dans l'attitude qui perturbe le chien en pensant que vous allez ainsi l'habituer et le dompter. Vous risquez au contraire d'augmenter son malaise et donc son agressivité.
- ⊗ **Penser que le chien grogne pour "vous dominer".** C'est faux : le chien grogne pour faire passer un message. Si vous n'essayez pas de le comprendre et répondez par un acte violent, vous risquez de détériorer profondément la relation que vous avez avec lui.
- ⊗ **Penser que votre chien est fou et qu'il ne vous aime pas.** Certains maîtres abandonnent le chien qui grogne, car ils le pensent violent et insensible. C'est un malentendu, car grogner est justement pour le chien une façon d'exprimer sa sensibilité face à une situation.

PREVENIR LES BAGARRES DE CHIENS

Les chiens adorent se chamailler ! Cependant, il arrive que de simples jeux de bagarre de chien se muent en de véritables combats de chien. La situation devient alors dangereuse, pour les chiens comme pour le maître. Voilà pourquoi il faut toujours éviter une bagarre de chien. Bien sûr, malgré toute notre bonne volonté, les accidents arrivent. Il est donc tout aussi important de connaître le comportement à adopter en cas d'altercation.

COMPRENDRE LA CAUSE D'UN COMBAT DE CHIEN

Les chiens peuvent faire preuve d'agressivité dans certains cas. En soi, ils peuvent adopter un comportement d'attaque et se battre lorsqu'ils se sentent menacés.

Cependant, il ne faut pas laisser un combat de chien dégénérer, car un comportement agressif peut amener à de nombreux accidents et peut mettre en danger la santé du chien, de son maître ou encore de son entourage.

Il est toujours compliqué de comprendre la raison d'une querelle entre deux toutous. Il faut dire qu'il y a pratiquement autant de bagarres de chien que de raisons pour eux de se battre ! Parmi les raisons les plus courantes, on peut trouver :

- **Le rapport de force** : les chiens essaient de montrer "qui est le plus fort".
- **L'invasion du territoire** : un chien agressif va vouloir défendre son territoire face à un intrus.
- **La peur** : un chien craintif va se mettre à attaquer parce qu'il est retranché dans ses positions.
- **La compétition** : deux chiens peuvent se battre pour obtenir un os ou une friandise.
- **L'agressivité du chien** : un chien a développé un mauvais comportement, qui l'incite à multiplier les combats avec d'autres chiens.

- **Le manque de socialisation** : le chien qui n'aura pas été socialisé dans sa jeunesse risque fort de ne pas comprendre parfaitement le langage canin. Cela entraîne une incompréhension des signaux envoyés par ses congénères, ce qui peut déclencher un combat.
- **La possessivité** : il arrive que le maître soit à l'origine des altercations sans même s'en rendre compte. Si votre toutou est surprotecteur à votre égard, il risque d'être méfiant vis-à-vis des congénères qu'il croisera dans la rue. Faites le test : laissez un ami promener votre chien sans vous pour étudier ses réactions.

COMMENT PREVENIR UNE BAGARRE ?

LA SOCIALISATION

Bien souvent, l'agressivité chez le chien vient d'une mauvaise socialisation durant ses jeunes années ou une mauvaise expérience avec ses congénères.

Chez le chiot : pour que votre toutou soit à l'aise avec ses camarades, il est conseillé d'encourager les rencontres intra-espèces. Le mieux est de le faire dès qu'il a fait tous ses vaccins. Optez pour un lieu sécurisé et choisissez consciencieusement les chiens que votre boule de poils va rencontrer : privilégiez les compagnons déjà socialisés, avec un tempérament parfaitement équilibré.

Chez l'adulte : une rééducation est de rigueur. On doit absolument lui faire comprendre que tous les chiens ne représentent pas une menace pour lui et son entourage. Comme avec le chiot, introduisez-le progressivement à ses camarades. Si possible, faites appel à un professionnel pour faciliter les interactions.

Dans les deux cas, dès que votre toutou semble plus apaisé avec ses congénères et plus à l'écoute des codes de communication canins, il est temps de lui trouver des amis ! N'hésitez pas à participer à des activités canines ou à vous balader dans des lieux fréquentés par des chiens. Naturellement, votre toutou ne pourra pas s'entendre avec tous les chiens. À vous d'observer sa personnalité à chaque nouvelle rencontre.

RECONNAITRE UNE SITUATION DE COMBAT

Il est important d'identifier les signes avant-coureurs qui se manifestent chez le chien avant une bagarre. Sachez que si votre chien en vient à recourir à la violence, c'est qu'il est en grande détresse émotionnelle. Soyons clairs : à moins que votre boule de poils ne soit agressive ou craintive de nature, il aura sûrement envoyé des signaux d'alarme avant que la bagarre ne se déclenche (ex. : postures de menace, d'apaisement ou de soumission). Ainsi, il est primordial de reconnaître ces messages envoyés par votre boule de poils ou son congénère afin d'anticiper les dérapages.

Entre chiens vivant dans le même domicile

Tous les chiens ne s'entendent pas très bien entre eux. Voilà pourquoi il est primordial d'introduire en douceur un nouveau membre canin chez soi. Pour préserver la cohésion du groupe, évitez d'adopter un nouveau toutou si vous n'êtes pas sûr de la compatibilité avec les autres chiens de la famille. Il est conseillé de les présenter d'abord dans un lieu neutre pour éviter les conflits territoriaux.

Il n'est pas rare que les chiens issus du même groupe social se bagarrent pour établir une sorte de hiérarchie qui sert d'équilibre au groupe. À l'arrivée du nouveau membre, une altercation peut se déclencher pour mettre en place le rôle du nouveau venu dans la famille. N'intervenez pas tout de suite et attendez que les chiens s'expliquent et s'apprivoisent. Intervenir ne ferait que repousser leur combat à plus tard durant votre absence. Il va de soi qu'il faudra les séparer si vous sentez que la situation dérape.

Astuces pour une bonne cohabitation :

- Traitez tous vos chiens de la même façon pour éviter de créer de la jalousie.

- À chacun son espace : veillez à ce que tous les membres de la famille respectent les possessions ainsi que le territoire de l'autre.
- Ne changez pas vos habitudes pour le nouveau venu au risque de désorienter les anciens membres du groupe.

Entre chiens inconnus

Parfois, de simples jeux de bagarre de chiens dégénèrent en vrai combat. Pour éviter que cela soit le cas, surveillez toujours votre animal quand il joue avec un autre chien. En cas de grognements agressifs, de morsures ou encore de jappements, écartez les chiens avant que le combat ne se déclenche. En règle générale, ne laissez pas votre animal jouer avec un chien inconnu. Malheureusement, on ne contrôle pas tout et des accidents peuvent survenir lors des balades quotidiennes. Selon les cas de figure, voici nos conseils :

Vous croisez un chien agressif :

Si le chien inconnu est en laisse et a une attitude incertaine à l'égard de votre compagnon à quatre pattes, changez tout de suite de trajectoire.

Si le chien inconnu n'est pas en laisse et accourt dans votre direction, la situation est tout de suite plus tendue.

- Lâchez la laisse de votre chien pour ne pas vous blesser en cas de bagarre et pour ne pas angoisser votre toutou qui se trouve en position de faiblesse. Généralement, si le chien inconnu a été socialisé, le fait de libérer votre ami canidé permettra d'apaiser la situation : les deux chiens pourront s'approcher et se renifler en toute liberté.
- Si l'attitude de l'autre chien vous semble inquiétante, faites de votre mieux pour l'éloigner du vôtre via de grands gestes, un appareil émettant des ultrasons, etc.

Votre chien a l'habitude de se montrer agressif envers des chiens inconnus :

- **Anticipez** : changez d'itinéraire dès que vous croisez un autre toutou.

- **Gardez systématiquement la laisse** : pour commencer, on ne va jamais laisser un chien agressif se promener librement en lieu public. Soyez toujours sûr de maîtriser votre chien, grâce à une laisse solide et adaptée.
- **Limitez les balades en lieu public** : si le comportement de votre chien devient insupportable au contact d'autres animaux, évitez les lieux trop fréquentés. Préférez une balade dans une forêt plutôt que dans un parc urbain, où vous risqueriez de croiser de trop nombreux chiens.
- **Achetez une muselière** : une autre solution peut être d'acheter une muselière, qui empêchera votre animal de mordre d'autres chiens ou de blesser des passants.
- **Consultez un comportementaliste** : enfin, le mieux est encore d'essayer de soigner le comportement agressif du chien. Pour cela, il peut être utile de contacter un comportementaliste canin qui pourra vous aider à comprendre et à maîtriser votre animal.

Si votre animal est la cause de nombreuses bagarres de chien, il est essentiel que vous fassiez tout pour éviter une nouvelle querelle. En effet, un chien agressif peut causer de nombreux problèmes à son maître. Si votre animal blesse quelqu'un, par exemple, vous serez directement jugé responsable. Votre toutou pourrait d'ailleurs être blessé dans un combat de chien ou pire, être piqué par un vétérinaire.

Il faudra alors essayer d'expliquer le comportement agressif de votre compagnon et le soigner. L'idéal est pour cela de passer par un comportementaliste canin, le seul à même de comprendre les raisons qui poussent votre animal à attaquer.

COMMENT REAGIR FACE A UNE BAGARRE DE CHIEN ?

Malgré nos préconisations, une bagarre finit tout de même par se dérouler. Sachez adopter les bons réflexes pour stopper le combat :

- **Utiliser un seau rempli d'eau froide** : une solution plus sûre pour arrêter un combat de chien est de jeter de l'eau sur les animaux. Cela va directement les calmer et ils se sépareront de manière naturelle. Il faudra ensuite les éloigner l'un de l'autre.
- **Utiliser des bruits forts** : comme on n'a pas toujours la bonne idée de se balader avec un seau rempli d'eau froide pour les promenades, une autre solution existe. Les bruits peuvent également être un moyen d'attirer l'attention des chiens et d'arrêter le combat. Vous pouvez par exemple essayer de faire un bruit strident à l'aide d'un sifflet, d'un pet corrector ou de casseroles si vous vous trouvez à la maison. Si vous attirez l'attention des chiens, ils seront plus simples à séparer.
- **Jetez un tissu sur les deux chiens** (ex. : couverture, manteau) : le fait d'être aveuglé va les déconcentrer. Perdre leur repère les poussera à détourner leur attention du combat.
- **Attrapez les pattes arrière des deux adversaires** : sollicitez l'aide de l'autre maître et séparez les chiens en les attirant vers vous avec leurs deux pattes arrière. Cette action va les déstabiliser, ce qui vous donnera le temps de reprendre le contrôle de votre chien.

> **Bon à savoir** : si deux chiens se sont déjà battus, évitez à tout prix un nouveau contact. Ils risqueraient de se battre à nouveau dès la première occasion !

PIEGES A EVITER

- **S'interposer physiquement dans un combat de chien** : évitez de vous lancer corps et âme dans la bagarre. Vous risqueriez en effet de vous faire mordre, même par votre chien ! N'essayez donc pas d'attraper le collier du chien ni de séparer les animaux "à mains nues". Ce serait bien trop dangereux pour vous. Une solution peut être d'utiliser un large objet (type bâton ou canne) pour séparer les animaux à distance.

- ⊗ **Utiliser la violence et du matériel coercitif** (ex. : collier électrique) : totalement contre-productive, l'utilisation de la violence ne ferait que renforcer l'agressivité de votre chien.
- ⊗ **Ne pas l'exercer suffisamment** : un chien qui n'aura pas été assez stimulé sera moins calme et contrôlable lors des sorties quotidiennes.
- ⊗ **L'inciter inconsciemment au combat** : votre attitude est primordiale dans le comportement de votre toutou. S'il vous sent stressé ou apeuré, il agira en conséquence. Restez calme.
- ⊗ Prendre votre compagnon dans vos bras ou le réconforter lorsqu'il croise un congénère : cela lui enverra le message que les chiens représentent une menace.

COMMENT FAIRE COHABITER CHIEN ET CHAT ?

L'ambiance chez vous s'est quelque peu refroidie avec l'arrivée d'un nouveau protégé ? Pour le chien comme pour le chat, accepter un nouveau venu est une épreuve plus ou moins difficile. Une grande amitié peut naître, cela ne dépend pas vraiment de vous, mais empêcher la guerre est de votre responsabilité, et rassurez-vous, c'est possible ! À travers cette fiche, nous analyserons les enjeux d'une telle cohabitation avant de faire le tour des règles de base.

POURQUOI CHIENS ET CHATS ONT-ILS DU MAL A S'ENTENDRE ?

C'est une longue histoire ! Ces deux espèces n'étaient pas naturellement faites pour cohabiter. Les chats gardent le souvenir ancestral que le chien est un prédateur pour eux. Les envies de jouer du chien peuvent apparaître comme une menace de poursuite ! Les chiens ne comprennent pas le comportement individualiste et indépendant du chat. Bref, chacun a des a priori sur l'autre.

Par ailleurs, les codes de communication sont complètement différents et se prêtent aux malentendus ! Ainsi, lorsque le chat remue la queue, il exprime de l'hostilité et l'agacement. Lorsque le chien remue la queue, il montre de l'enthousiasme et l'envie de jouer. Le chien voit une invitation au jeu dans le balancement de la queue du chat ! Comment comprendre qu'on s'est juste mal compris après ça ?

La notion de territoire diffère également entre ces deux espèces : contrairement au chien, le chat est plus attaché à son territoire qu'à son groupe social. Voilà pourquoi votre compagnon félin semble plus indépendant comparé à votre toutou. Il ne ressent pas le besoin de vivre en groupe et préfère largement le calme de son espace vital. Votre ami canidé, lui, sera plus enthousiaste à l'idée d'être proche des membres de sa famille et aura tendance à coller son maître dans ses déplacements.

LES RISQUES LIES A UNE COHABITATION CONFLICTUELLE

Il est important de veiller à ce que les relations restent au pire indifférentes entre le chien et le chat, parce qu'un conflit fera des victimes ! Le chat ou le chien peut développer une obsession envers l'autre animal et lui rendre la vie impossible : accès interdit à la gamelle, à la litière, au panier, coups, morsures, griffures. On a déjà vu des chats arriver mal en point après un harcèlement du compagnon chien et l'inverse est également possible !

Vous ne voulez certainement pas que votre maison se transforme en centre de torture pour l'un de vos deux compagnons et le bourreau ne sera pas tellement plus heureux que sa victime ! Ne parlons pas des risques de pugilat qui pourraient avoir des conséquences sur l'organisation de la maison !

> **Bon à savoir** : certaines races de chien représentent un risque pour le chat étant donné leur fort instinct de prédation. Les terriers et les lévriers en font partie.

LA RENCONTRE IDEALE POUR UNE COHABITATION CHIEN ET CHAT HEUREUSE

Élevez-les ensemble dès leur plus jeune âge : on sait que la période la plus malléable, quelle que soit l'espèce, est les premiers mois de vie. Les chiots et chatons ne font pas exception à la règle. Il est beaucoup plus facile de créer de bonnes relations lorsqu'au moins l'un des deux est encore bébé. Jusqu'à la 12ème semaine pour le chien, la 9ème pour le chat, l'animal est en phase de socialisation. Il s'attache beaucoup plus facilement à tout être vivant en contact avec lui. C'est donc le moment idéal pour tisser une amitié durable avec un animal d'une autre espèce.

Pour l'adulte, que ce soit le chat ou le chien, la présence du bébé est vue comme un dérangement, mais pas comme une menace, le stress est moins élevé et si quelques feulements et aboiements sont échangés au début, ils n'empêchent pas de s'observer et d'apprendre à se connaître. Le jeu vient aussi faciliter ces premiers moments.

LES SOLUTIONS POUR FACILITER LA COHABITATION CHIEN ET CHAT

Bien entendu, il n'est pas toujours possible de présenter des bébés. Si les deux animaux sont adultes, tout n'est pas perdu, mais il va falloir respecter quelques règles.

- Aménagez votre environnement pour qu'il s'adapte aux attentes et aux besoins de ces deux espèces : nul besoin de casser sa tirelire ! Investissez dans des accessoires simples et autres installations qui pourront permettre à votre chat d'accéder à des zones en hauteur (ex. : arbre à chat, hamac). Le but est qu'il puisse s'y réfugier en cas d'altercations avec votre toutou ou si ce dernier tend à le harceler dans une tentative d'invitation au jeu. De même, dans la mesure du possible, placez la gamelle de votre chat dans un lieu inaccessible au chien (ex. : comptoir de la cuisine). Vos deux compagnons doivent avoir chacun leur espace pour ne pas faire de jaloux ! Investir dans des barrières est également une excellente idée.
- Laissez-les se connaître olfactivement à travers une porte pendant plusieurs jours avant de se retrouver face à face. L'essentiel est de les introduire en douceur. Votre présence est naturellement requise pour faire les présentations.
- C'est le chat qui définit le rythme : il est possible qu'il ait besoin d'une période d'observation avant d'aller à la rencontre du chien.
- Si le chien connaît l'ordre "Pas toucher", c'est un plus : le chat appréciera qu'aucun contact ne lui soit imposé ! Il est important de garder le contrôle sur le comportement du chien pour qu'il ne soit pas envahissant. Si vous le trouvez trop excité, il vaut peut-être mieux l'isoler et attendre qu'il se calme avant de recommencer l'expérience !

- Récompensez les bons comportements : votre chat s'approche de lui-même du chien en toute quiétude ? Donnez-lui une friandise ! Il associera le contact à une émotion positive. Eh oui, les chats aussi peuvent être éduqués ! De même, dès que votre ami canidé se comporte de façon amicale avec votre matou, félicitez-le.

LES PIEGES A EVITER

- On peut être tenté de rassurer et de cajoler particulièrement le nouveau venu aux dépens de "l'ancien". Les animaux sont observateurs et sensibles aux injustices : vous ne rendez pas service au nouvel arrivant. Il est important, en présence des deux animaux, de rester équitable en caresses, en attentions, en mots doux et en friandises !
- Imposer un contact au chat ne pourra que le braquer. Tant qu'il n'est pas prêt, il faut le laisser s'habituer petit à petit !
- Ne les laissez jamais seuls sans supervision durant les premières semaines.

Enfin, n'hésitez pas à faire appel à un comportementaliste pour désamorcer à temps une situation de crise ! Parfois, il suffit d'un petit changement pour tout simplifier !

L'APPRENTISSAGE DE BASE

APPRENDRE A S'ASSEOIR

S'il y a bien un geste que tous les maîtres devraient apprendre à leur chien, c'est le "Assis" ! Bien éduquer son chien passe en effet forcément par cette position utile en de nombreuses circonstances. Dans votre quotidien, cette commande vous aidera énormément à canaliser votre ami canidé, pour sa sécurité ou pour le rappeler à l'ordre en société dans le cas où il serait trop excité.

Apprendre le "Assis" à un chien est assez aisé, car il s'agit d'une position naturelle. En effet, plus votre chien lève sa tête en arrière, plus il est amené à s'asseoir pour trouver son équilibre.

LA METHODE ETAPE PAR ETAPE

Voici la méthode à utiliser :

1. **Utilisez une récompense** : pour commencer, il faudra trouver une friandise que votre toutou apprécie : un biscuit pour chien ou toute autre gourmandise pour chien qui lui plaît (on évitera naturellement le chocolat ou le sucre, qui sont des poisons).
2. **Rapprochez-vous de votre chien** : au départ, ne donnez aucun signal (aucun ordre) à votre animal. Contentez-vous de vous approcher de lui avec sa gourmandise dans la main et laissez le chien la sentir.
3. **Incitez votre chien à s'asseoir** : pour que votre toutou s'assoie, il vous suffit simplement d'approcher votre main et la gourmandise de lui. En restant à une certaine distance de sa gueule, levez progressivement votre main, jusqu'à ce qu'elle soit au-dessus de sa tête. Votre chien va naturellement s'asseoir pour garder les yeux rivés sur sa gourmandise.
4. **Félicitez votre chien** : sans encore utiliser le mot "Assis", récompensez-le d'une friandise dès qu'il effectue le geste souhaité. Décomposer l'exercice permet au chien

de comprendre votre demande. Répétez l'activité jusqu'à ce que le mouvement devienne fluide.

5. **Utiliser le signal verbal** : une fois qu'il aura maîtrisé le geste, il faudra ensuite marquer le comportement. Dès que la croupe de votre chien se pose à terre, dites à haute voix le mot "Assis" en faisant attention à adopter le bon timing : la commande ne doit être dite ni trop tôt ni trop tard. Et n'oubliez pas de lui donner sa gourmandise en le félicitant avec enthousiasme pour qu'il puisse faire l'association entre le geste, le mot "Assis" et la satisfaction que ce mouvement peut lui procurer.

Naturellement, bien éduquer son chien passe par la répétition. Il faudra donc effectuer cet exercice plusieurs fois pour que votre chien apprenne la position assise.

Pour éviter que la récompense soit indissociable de l'obéissance de votre animal, pensez toujours à réduire la dose de gourmandise progressivement, pour finir par ne plus lui en donner.

L'essentiel est que vous continuiez à féliciter votre chien à la fin de cet exercice, à l'aide de paroles et de caresses. À terme, votre animal n'aura même plus besoin d'une gourmandise pour vous obéir lorsque vous lui direz "Assis" !

De même, pour pouvoir rendre cette commande plus efficace, nous vous conseillons vivement d'augmenter le niveau de difficulté :

- Faites l'exercice dans des lieux et environnements présentant plus de distractions.
- Augmentez la durée de la commande pour enseigner la gestion de soi à votre chien par la même occasion.
- Travaillez également la distance à laquelle vous lui donnez l'ordre : votre chien devrait être capable, sur le long terme, de vous écouter même sur une distance plus importante.

Tous les chiens sont uniques et si certains arrivent facilement à effectuer ce mouvement, d'autres auront besoin d'un léger coup de pouce :

- ⊗ "*Mon chien saute au lieu de suivre la friandise*" : assurez-vous que la friandise n'est pas trop en hauteur par rapport à sa tête. S'il continue à sauter même après avoir baissé sa récompense, voici nos conseils : vous pouvez lever la tête du chien avec votre main et toucher le grasset (l'articulation qui se trouve entre la cuisse et la jambe). Il va, instinctivement, vouloir poser sa croupe à terre.
- ⊗ "*Mon chien recule au lieu d'effectuer le geste*" : pour l'aider, il est recommandé de s'entraîner dans un endroit où l'agencement l'empêche de reculer (ex. : dans un coin de la maison).
- ⊗ "*Mon chien est trop excité et ne veut pas se concentrer*" : attendez que le chien soit plus calme et détendu pour faire l'exercice. Un exemple serait de le faire après votre balade quotidienne.

Astuce : commencez toujours par travailler dans un lieu calme avec le moins de distractions possible pour offrir les meilleures conditions de réussite à votre chien.

Bon à savoir : en plus du signal verbal, il est possible d'accompagner le mot "Assis" par un geste spécifique à cette commande. Cela sera d'ailleurs très utile à l'extérieur lorsque votre chien se trouve loin de vous.

PIEGES A EVITER

- ⊗ **N'utilisez pas la force** : l'exercice ne doit pas être contraignant pour le chien donc évitez d'appuyer sur sa croupe pour l'obliger à s'asseoir. Non seulement cela poussera le chien à exercer une force d'opposition dans le but de résister à la pression - ce qui peut le blesser - mais vous risquez également de créer une association négative du signal verbal "Assis".
- ⊗ **Ne faites surtout pas de longues séances** : cela risque d'ennuyer, voire de décourager votre chien. Les séances doivent être courtes et ludiques pour une meilleure assimilation.
- ⊗ **Ne félicitez pas les gestes non désirés** : il va sans dire qu'il ne faut pas récompenser le chien s'il fait toute autre chose que s'asseoir. De même, pour éviter d'embrouiller votre toutou et de créer de mauvaises associations, faites en sorte de le féliciter au bon moment.

Enfin, soyez patient ! Si certains chiens apprennent la commande en une journée, ne désespérez pas si le vôtre met plusieurs semaines à l'assimiler. Si vous êtes un tant soit peu constant et investi dans l'exercice, les résultats vont bien finir par pointer le bout de leur nez.

APPRENDRE A SE COUCHER

Dès qu'il est tout petit, le chien adore apprendre de nouveaux tours ! Pour lui, c'est l'occasion de développer son intelligence (et de gagner des friandises) et pour vous, ce sont des moments privilégiés à passer ensemble ! Un des tours de base les plus utiles, c'est d'apprendre à votre chien à se coucher sur demande.

POURQUOI APPRENDRE A SE COUCHER ?

Comme pour les humains, trouver la position idéale quand on doit rester immobile n'est pas toujours facile. Si vous attendez quelque part et que cela doit durer un certain temps, assis ou debout, votre chien risque de se fatiguer. Autant lui indiquer tout de suite la meilleure position !

D'ailleurs, lorsqu'il est couché, votre chien est beaucoup plus calme ! Sans se fâcher ni crier, c'est un très bon moyen de rétablir l'équilibre quand il est très excité, après une bonne séance de jeu, par exemple !

De plus, si vous avez un chien assez imposant et que vous vous trouvez dans un espace public, cette position peut également rassurer les personnes autour de vous lors d'une attente prolongée.

Attention cependant, n'utilisez pas le "Couché" pour envoyer votre chien dans son panier et le punir quand il a fait une bêtise, ou alors exceptionnellement. Sinon, il risque de faire l'amalgame entre l'ordre et la punition. Il se sentirait puni à chaque fois que vous lui demandez de se coucher, même s'il n'a rien fait de mal !

Dans tous les cas, votre chien doit déjà connaître le "Assis" pour apprendre le "Couché" !

METHODE TRADITIONNELLE

Utilisée depuis longtemps, cette méthode nécessite que votre chien maîtrise la commande "Assis".

1. Placez-vous en face du chien et demandez-lui de s'asseoir en prononçant le signal verbal "Assis".
2. Puis prenez-lui délicatement les pattes pour les tirer vers vous.
3. Mécaniquement, le chien se retrouve en position couchée. En le faisant, vous dites "Couché" pour qu'il associe la position et le mot.
4. Lorsqu'il est couché, vous pouvez le caresser et le féliciter.

Bien sûr, il faut recommencer souvent. On parle de 5 à 10 fois par jour pendant plusieurs semaines.

Si votre chien résiste ou se plaint, arrêtez et essayez de comprendre ce qui le gêne. Peut-être la surface est-elle désagréable pour lui, peut-être est-il stressé par un élément extérieur, peut-être votre geste est-il trop rapide ?

Dans tous les cas, ne le forcez pas, ne tirez pas sur ses pattes malgré lui, n'appuyez pas sur son dos pour le faire descendre près du sol.

METHODE NATURELLE

Cette méthode demande de la patience et de l'observation de votre part. Elle consiste à attendre que votre chien se couche pour marquer le comportement : dès qu'il est dans la position souhaitée, il faut prononcer l'ordre "Couché" au chien et le récompenser par une caresse ou une friandise. Il fera ainsi l'association entre la commande et la position.

METHODES POSITIVES POUR APPRENDRE A SE COUCHER

Aujourd'hui, on privilégie souvent les méthodes positives, qui consistent à amener par des récompenses le chien à comprendre un ordre et à l'exécuter de son plein gré.

METHODE AVEC UNE FRIANDISE

1. Demandez à votre chien de s'asseoir et placez-vous en face de lui.
2. Attirez son attention en lui présentant une gourmandise assez motivante.
3. Lorsqu'il essaie de l'attraper, descendez votre main verticalement vers le sol, en débutant de son museau jusqu'au point entre ses pattes. Votre chien, attiré par la gourmandise, devrait suivre le mouvement de votre main.
4. Ramenez tout de suite la friandise vers vous, horizontalement, de façon à ce que les coudes du chien s'étirent pour attraper sa récompense. Il finira alors dans la position couchée.
5. Prononcez le signal verbal "Couché" et donnez-lui la friandise en le félicitant chaleureusement.
6. Recommencez plusieurs fois.

Le mouvement effectué doit former un "L" à l'envers entre le museau du chien, ses pattes et vos pieds.

Il est possible d'ajouter un geste en même temps que le signal verbal pour donner l'ordre. Par exemple, vous pouvez indiquer le sol avec votre doigt.

Il est important de dire le mot "Couché" au bon moment et de bien récompenser votre chien dès qu'il a pris la bonne position.

Après 2 à 3 semaines, vous pouvez progressivement retirer la gourmandise tout en continuant à le flatter.

METHODE AVEC UN JOUET

Pour cette méthode, qui s'adresse surtout aux jeunes chiens, on crée une nouvelle règle du jeu autour de son jouet préféré.

1. Installez-vous près de son panier et lancez-lui le jouet
2. Quand il la rapporte, félicitez-le puis dites "Couché" en indiquant le panier. C'est la règle pour que vous relanciez la balle.

Au bout de quelques jours, quand il aura bien compris cette règle du jeu, il commencera à aller se coucher dans son panier à votre demande.

Cette méthode peut être complémentaire avec la précédente. Elle permet d'associer le panier à la demande, ce qui peut être pratique pour qu'il demeure au calme à la maison !

CONSEILS SUPPLEMENTAIRES

Pour ceux qui souhaitent suivre la méthode positive, il arrive qu'il y ait quelques accrocs en fonction du chien que vous avez.

Pour une raison qui vous échappe, votre toutou ne comprend pas ce que vous lui demandez et fait tout sauf se coucher (ex. : reculer, sauter, aboyer, etc.).

Voici nos astuces :

- **N'hésitez pas à décomposer l'exercice !** Montrez à votre chien la voie à suivre en le félicitant à chaque petite étape qui le rapprocherait de l'objectif attendu. Récompensez-le lorsqu'il regarde le sol par exemple ou lorsqu'il commence à plier ses coudes ou encore lorsqu'il rabaisse sa poitrine vers le sol. Naturellement, dites "Couché" qu'après exécution de la position finale.

- **Utilisez un accessoire** ! Une chaise peut être un excellent exemple. Placez-vous en face de votre chien avec la chaise positionnée entre vous deux. Mettez la friandise sous le meuble en la rapprochant le plus de vous. Dès que le chien se couche pour récupérer la gourmandise, dites "Couché". Avec le temps et de la répétition, la chaise ne sera plus nécessaire.

Il arrive également que votre chien ne soit pas motivé à cause de la température du sol. Un tapis ou une surface plus confortable pourrait aider.

> **Bon à savoir** : il est toujours conseillé de débuter l'apprentissage d'une nouvelle commande dans un lieu sans distraction. De même, il ne faut pas surmener le chien en lui imposant de longues séances. 15 minutes par jour devraient suffire.

PIEGES A EVITER

Certains pièges sont à éviter dans l'apprentissage de l'ordre "Couché" :

- Faites attention à ne pas lui envoyer des messages contradictoires : cet ordre ne devrait pas être utilisé pour le punir ou pour le gronder. L'ordre ne doit jamais être associé à un sentiment négatif pour éviter d'angoisser le chien.
- N'embrouillez pas l'esprit de votre chien en changeant de mot ou de geste au fil du temps. Soyez toujours cohérent !
- Inutile d'user de la violence lors de son apprentissage : appuyer violemment sur son dos ou lui crier dessus ne feront que stresser le chien et rendre l'exercice difficile à assimiler pour lui.

Il est vrai que certains chiens ont plus de difficulté que d'autres à apprendre à se coucher (ex. : les chiens à museaux plats). Cela ne veut pas dire qu'il faille abandonner. Bien au contraire ! Avec un peu de patience et de la rigueur, vous allez vite réussir à enseigner ce tour à votre chien.

APPRENDRE A NE PAS BOUGER

Le "Pas bouger" du chien est clairement l'un des tours les plus impressionnants à apprendre à son chien ! En effet, il faut une discipline de fer pour éduquer un chiot à rester immobile en toute circonstance. Pour autant, ce n'est pas impossible.

POURQUOI APPRENDRE LE "PAS BOUGER" ?

Apprendre à son chien à ne pas bouger est un petit truc très pratique. En effet, le faire rester immobile est une bonne manière de canaliser son énergie et de montrer votre emprise sur l'animal. Marre de voir votre toutou bouger dans toute la pièce lorsque vous recevez du monde à la maison ou encore de le voir cavaler vers l'entrée lorsqu'il entend sonner à la porte ? Et bien, cette commande est la solution à vos problèmes !

Par ailleurs, il s'agit d'un tour qui pourra vous être très utile dans la vie de tous les jours. Un chien qui comprend le "Pas bouger" aura en effet moins tendance à fuguer ou à s'échapper de la maison dès que vous ouvrez la porte. Ce tour limitera également les risques d'accidents de voiture, fréquents quand un chien un peu énervé refuse de s'arrêter. Ainsi, cet ordre est nécessaire pour sa sécurité et pour vous garantir une sérénité d'esprit lors de vos balades.

METHODE ETAPE PAR ETAPE

Pour débuter et pour faciliter l'apprentissage de cette commande, votre toutou devrait déjà avoir maîtrisé les ordres "Assis" et "Couché". De même, pour réunir les meilleures conditions de réussite, nous vous conseillons de vous entraîner dans une pièce calme avec le moins de stimuli possible et de vous aider de friandises.

Comme toujours dans l'éducation du chien, apprendre à un toutou à ne pas bouger est une affaire de patience et de discipline. Mais ce n'est pas si complexe une fois que vous maîtrisez la méthode. Voilà comment procéder :

1. Demandez à votre chien de se mettre en position assise ou couchée.
2. Éloignez-vous lentement en reculant et dites le signal verbal “Pas bouger” à votre chien. Vous pouvez accompagner l’ordre avec un geste pour marquer le comportement : en montrant la paume de la main par exemple.
3. Comptez jusqu’à trois dans votre tête et récompensez votre chien s’il n’a pas bougé. Après lui avoir donné la friandise, dites un mot ou une expression pour le libérer (ex. : “bon chien”, “c’est bien”, “va”).
4. Si votre chien se lève pour vous suivre avant votre autorisation, dites-lui un “Non” ferme et recommencez l’exercice jusqu’à ce que votre compagnon à quatre pattes fasse l’association entre le mot et l’ordre.

Bien sûr, il faudra faire plusieurs séries d’exercices avant qu’il puisse maîtriser cette commande.

Naturellement, notre objectif est de l’habituer à ne pas bouger en toute circonstance. Lorsque votre chien commence à garder sa position assise ou couchée quand vous faites un pas en arrière, vous pouvez augmenter la distance qui vous sépare de lui ainsi que la durée. Pour renforcer l’efficacité de cette commande, voici les prochaines étapes :

- **Le dos tourné** : une fois l'exercice maîtrisé sur trois ou quatre pas en arrière, il va falloir que votre chien apprenne à rester immobile même si vous ne maintenez pas un contact visuel avec lui. Recommencez donc l'exercice en retournant lentement votre dos cette fois-ci et en vous éloignant. Un chien non éduqué aura tendance à vous suivre, et il faut donc limiter cette attitude.
- **Avec des distractions dans la pièce** : que ce soit à l’aide d’un jouet comme une balle ou en demandant l’aide d’une tierce personne, créez du mouvement dans la pièce pour travailler la capacité du chien à respecter l’ordre malgré les distractions autour de lui.

- **Hors de la pièce** : une fois les deux précédents exercices maîtrisés, vous allez devoir continuer à vous entraîner, mais en quittant la pièce. Vous donnerez à nouveau l'ordre, mais penserez cette fois-ci à quitter la pièce pour échapper totalement au regard de votre chien. Au départ, n'attendez pas trop longtemps avant de revenir pour donner une récompense à votre toutou.
- **Hors de la maison** : une fois que votre chien sait rester immobile, même quand vous quittez une pièce, tentez l'exercice en dehors du domicile ! Avec les bruits et l'agitation extérieurs, un chien aura tendance à être moins réceptif au début. Il faudra donc reprendre l'éducation pas à pas, jusqu'à ce que votre animal soit parfaitement obéissant.

CONSEILS SUPPLEMENTAIRES

Il est normal de rencontrer quelques problèmes dans l'apprentissage de cette commande. Voici nos conseils pour les difficultés les plus récurrentes :

Votre chien vous suit et ne parvient pas à rester immobile : un chien a tendance à naturellement suivre son maître (surtout avec une gourmandise à la main !) donc soyez compréhensif. Pour lui simplifier l'exercice, allez-y progressivement :

- Au lieu d'attendre 3 secondes, commencez par le féliciter après une seconde puis progresser au fur et à mesure de son évolution.
- De même, ne débutez pas directement avec une grande distance : on passera d'un pas en arrière à deux, puis à trois ou quatre.
- Commencez par donner votre récompense rapidement (quelques secondes à peine après avoir donné l'ordre). Plus votre chien maîtrisera l'exercice, et plus vous attendrez avant de donner la récompense.

  Votre chien reste immobile jusqu'à ce que vous vous avanciez vers lui : il faudra identifier le problème et comprendre ce qui le pousse à bouger. Il se peut que vous teniez la friandise trop en hauteur, ce qui pousse le chien à sauter lorsque vous revenez vers lui. Il se peut également que vous soyez trop lent et que la patience du chien s'amenuise. Au départ, il faudra éviter de lui laisser le temps de faire une erreur : avancez-vous rapidement vers lui pour le récompenser en tenant la gourmandise au niveau de son museau.

PIEGES A EVITER

Certains comportements doivent être absolument bannis pour réussir l'apprentissage de ce tour :

- ⊗ Débuter les entraînements dans une pièce avec de nombreuses distractions est la meilleure garantie de frustrer votre chien et vous-même par la même occasion.
- ⊗ Évitez d'effectuer les exercices lorsque le chien est trop excité ou fatigué, car il arrivera difficilement à se concentrer.
- ⊗ Soyez toujours cohérent dans l'utilisation de vos signaux ! Ne changez pas de mot ou de geste en cours de route, car cela va vite perturber le chien.

Comme beaucoup de commandes, il vous faudra vous armer de patience, car cet ordre nécessite un investissement de plusieurs semaines ou mois selon le chien. Cet ordre est important si vous souhaitez aller en ville ou en société avec votre chien et être à l'aise en toute circonstance.

APPRENDRE A REVENIR

Le rappel du chien est l'une des choses les plus indispensables au moment de l'éducation d'un chiot. En effet, il serait impensable de sortir un chien sans laisse si ce dernier ne connaît pas le rappel. Par ailleurs, apprendre à un chien "Au pied" sera la meilleure manière d'éviter les accidents et de rendre les promenades plus faciles. Voyons comment se passe l'éducation d'un chien au rappel !

POURQUOI APPRENDRE LE RAPPEL ?

Il peut arriver que votre chien s'échappe de son collier trop large ou que vous lâchiez sa laisse sans faire exprès. La maîtrise du rappel sera alors capitale pour assurer la sécurité de votre chien et des autres personnes autour de vous.

Quoi de mieux qu'un ordre permettant de prévenir les accidents de voiture ou d'arrêter votre chien lorsqu'il tente de poursuivre un autre animal (chat, écureuil ou chiens) ?

Avant de commencer cet exercice, il faudra toutefois veiller à ce que votre toutou soit habitué à répondre à son nom. L'objectif final est que votre chien revienne vers vous avec enthousiasme lorsque vous l'appelez. Cela va définitivement prendre du temps, mais le jeu en vaut la chandelle !

LA METHODE ETAPE PAR ETAPE

Pour apprendre le rappel à votre chien, il vous faudra :

- Des friandises,
- Une deuxième personne pour vous assister,
- Une longe pour les exercices en extérieur.

Voici une méthode pas à pas pour enseigner l'ordre "Au pied" à un chien :

1) DEBUTEZ L'EXERCICE A LA MAISON

Le mieux est de se placer dans un couloir, au calme, pour réduire les risques d'incompréhension.

1. Demandez à une personne de se positionner à l'autre bout du couloir. Son rôle sera de s'assurer que le chien ne bouge pas en le tenant par le collier ou le harnais.
2. Maintenant que vos deux premiers acteurs sont bien à leur place, positionnez-vous à leur opposé du couloir en faisant face à votre chien.
3. Agenouillez-vous et dès que vous êtes prêt, dites son nom avant de prononcer l'ordre "Au pied" (ou une autre commande selon votre envie). Rappeler son chien implique toujours de procéder d'une façon codifiée : "le nom du chien + l'ordre" (ex : Charlie, au pied !).
4. Au moment où vous prononcez la commande, la deuxième personne doit libérer son emprise sur le chien. Pendant ce temps, vous devez attirer votre toutou par de grands gestes ou des bruits amusants pour le faire venir le plus vite possible vers vous.
5. Dès qu'il arrive à vos pieds, récompensez-le chaudement avec une friandise et des caresses vocales ou physiques.
6. Il ne vous reste plus qu'à répéter l'exercice pour bien associer le mot au geste demandé.

Si vous n'avez personne pour vous aider, une gourmandise et un bon lancé suffiront :

1. Tenez votre chien par son collier ou son harnais sans lui faire mal
2. Lancez une friandise au bout de la pièce et relâchez votre compagnon à quatre pattes pour qu'il puisse la récupérer
3. Attendez qu'il se saisisse de la friandise avant de l'appeler avec enthousiasme
4. Prononcez l'ordre "Au pied" lorsqu'il vient à vos pieds

2) CONTINUEZ L'EXERCICE A L'EXTERIEUR DU DOMICILE

Très rapidement, il faudra apprendre le rappel du chien à l'extérieur. Sans un grand espace, cet ordre est en effet inutile. Au départ, choisissez un lieu de préférence fermé et à l'écart de toute circulation. L'idéal est de profiter d'un jardin clôturé (chez vous ou chez un proche). Il ne faut en effet pas que votre animal puisse s'enfuir trop loin ou risque un accident.

Pour apprendre le rappel, laissez votre animal s'éloigner, puis lancez-lui votre ordre de rappel. S'il vient, félicitez-le à l'aide de caresses ou d'une friandise pour chien. S'il ne vient pas, répétez l'ordre sans hausser le ton, en vérifiant que votre animal vous voit et peut vous entendre. Si votre chien vous ignore après plusieurs rappels, faites mine de partir sans le regarder. Il aura l'impression que vous l'abandonnez, et viendra vous rejoindre.

Il ne faut en aucun cas hausser le ton ou vous mettre à poursuivre votre chien. Il risque d'avoir peur ou de penser que c'est un jeu. Procédez à cet exercice régulièrement, jusqu'à ce que votre animal revienne de manière quasi automatique.

3) RENFORCEZ L'APPRENTISSAGE DU RAPPEL EN PUBLIC

L'étape suivante pour apprendre le rappel sera de passer dans un lieu plus ouvert, comme un parc, dans lequel votre animal sera au contact d'autres humains ou de chiens.

La méthode sera exactement la même (ordre du rappel de chien, suivi d'une récompense), seule la distance diffère. Naturellement, votre pire ennemi sera la distraction du chien qui risque d'être vite excité par tout ce qui l'entoure.

Si vous avez peur que votre chien ne revienne pas, vous pouvez débuter l'exercice en public avec une longe de 5 à 10 mètres. Il est vivement conseillé de demander l'aide d'un ami pour vous assister étant donné que votre friandise, aussi appétissante soit-elle, risque de ne pas être aussi attrayante que les stimuli se trouvant aux alentours.

Ainsi, comme à la maison, votre ami aura pour mission de tenir votre toutou et de le relâcher à votre signal ou le "Au pied". Si les exercices à domicile ou dans votre jardin ont été bien assimilés, il devrait pouvoir se précipiter vers vous malgré les distractions ambiantes. Dans le cas contraire, la longe est là pour vous aider le temps que votre chien s'habitue à cet environnement boosté en stimuli !

CONSEILS SUPPLEMENTAIRES

On ne va pas vous le cacher, l'apprentissage du rappel est une chose qui prend du temps, beaucoup de temps. Il faudra donc être rigoureux et persévérant pour que le chien puisse évoluer au plus vite.

Au départ, pratiquez le rappel du chien de manière très régulière, sans remettre la laisse. Puis, espacez les rappels et alternez les situations. Parfois, remettez la laisse, faites une balade puis relâchez le chien, parfois ne remettez pas la laisse et essayez de pousser votre chien à vous suivre, etc.

Votre chien ne répond pas à un rappel ?

- Faites une fois de plus mine de vous éloigner, jusqu'à ce qu'il vous rattrape. N'allez jamais punir un chien lorsqu'il vous rejoint. Il considérerait alors qu'il vaut mieux ne pas vous rejoindre. Au contraire, privilégiez l'éducation par la récompense. Si votre animal revient au rappel, félicitez-le. S'il ne revient pas, ignorez-le et ne le félicitez pas à son retour.
- Il arrive qu'on appelle un chien alors qu'il est visiblement occupé à renifler des odeurs ou à jouer avec des congénères. Ne soyez pas surpris s'il prend du temps avant de revenir vers vous (ou qu'il ne revienne pas du tout !). Évitez au maximum de rappeler

votre chien lorsqu'il passe un moment agréable, car il pourra vite associer le rappel à un sentiment frustrant.

Votre chien revient, mais fuit dès que vous vous rapprochez de lui ?

- Cela arrive souvent avec les chiens habitués aux jeux de course-poursuite ou de combats ludiques. Pas de panique : utilisez cette information et intégrez-la dans vos exercices. Ainsi, lorsque le chien viendra vers vous, courez pour qu'il vous rattrape. Dès qu'il y arrive, récompensez-le d'une caresse et d'une friandise en prononçant la commande "Au pied".

> **Astuce** : commencez l'apprentissage du rappel le plus tôt possible ! Profitez de cette phase de sa vie où le chiot vous suit partout pour lui enseigner, en douceur, l'ordre "Au pied".

PIEGES A EVITER

- **Ne pas utiliser d'ordre** : l'éducation d'un chien se fait à l'aide d'ordre. Ainsi, le rappel du chien ne peut pas se faire à partir du seul nom de votre toutou. Ne criez pas seulement le nom de votre chien pour le faire venir au pied, mais plutôt "[Nom du chien], au pied !".
- **Débuter l'apprentissage du rappel en extérieur** : l'autre défaut est de systématiquement vouloir apprendre le rappel à son chien en extérieur. Éduquer un chiot se fait pas-à-pas, et va commencer de préférence dans un lieu calme. Certes, l'apprentissage du rappel finira bien par vous mener dans un lieu à l'extérieur du domicile, mais cela ne doit surtout pas être la première étape.
- **Faire du rappel de chien une punition** : c'est sûrement l'erreur la plus commune quant à l'apprentissage du rappel. Sans le savoir, certains maîtres vont créer dans l'esprit du

chien l'association "Rappel = Punition". En effet, beaucoup utilisent la commande "Au pied" pour terminer une promenade tout en remettant la laisse. Si vous faites cela, votre chien risque de considérer le rappel comme une punition qui met fin à ses jeux ou à ses promenades. Il faut donc penser à intégrer le rappel dans un cadre de récompense et ne pas clore systématiquement une balade de chien par un rappel :

- Ainsi, appelez-le plusieurs fois au cours de votre balade sans remettre la laisse. Ces rappels devraient être utilisés pour des séances de récompenses (friandises, caresses) avant de le laisser à nouveau s'éloigner.
- Et quand vous remettez la laisse, baladez-vous encore un peu avec votre animal pour ne pas qu'il considère le rappel comme le signal de fin des festivités.

⊗ **S'énerver et perdre patience** : oui, on compatit, on sait à quel point cet exercice peut être compliqué à maîtriser pour votre chien. Mais ce n'est pas une raison pour perdre son sang-froid et s'énerver contre le chien :

- Votre toutou tarde à revenir ? Inutile de lui crier dessus ou de le sanctionner physiquement lorsqu'il finit par s'exécuter. Vous n'allez réussir qu'à le repousser encore plus lors du prochain rappel !
- Ne le poursuivez surtout pas ! Il risque de penser que c'est un jeu et vous allez vite vous fatiguer (voire vous ridiculiser) en essayant, en vain, de le rattraper.

Pour finir, on entend beaucoup dire que certaines races ne peuvent définitivement pas apprendre le rappel. Et bien, si certains chiens prennent du temps à maîtriser cette commande, faites très attention à ne pas vous reposer sur les "on-dit" et autres préjugés. Comme toute chose dans l'éducation d'un chien, il faut de la consistance et de la persévérance. N'importe quel chien peut finir avec un excellent rappel pour peu que son maître y accorde du temps.

Bien évidemment, cela ne veut pas dire qu'il faille laisser gambader sa boule de poils partout en toute quiétude. Selon l'environnement où l'on se trouve et les types de stimuli aux alentours, il faudra toujours être vigilant.

APPRENDRE A MARCHER AU PIED

L'un des premiers objectifs de tout maître, lors des premières promenades, est de maîtriser la marche au pied. En effet, les chiots non éduqués ont tendance à se laisser emporter par leur fougue et à tirer sur la laisse. Dès lors, mieux vaut connaître une méthode pour canaliser votre toutou et ne pas faire de chaque promenade une vraie bataille !

POURQUOI APPRENDRE LA MARCHE AU PIED ?

Prenons un mauvais exemple : Titus, le berger allemand du voisin, est un véritable foufou. Il n'a jamais vraiment appris la marche au pied, et à tendance à promener son maître comme il veut. Ainsi, Titus n'hésite pas à courir vers les autres chiens lorsqu'il les croise dans la rue, et force même son maître à courir. Quel embarras !

Si vous ne souhaitez pas vous aussi vous faire promener par votre chien, mieux vaut lui apprendre la marche au pied. Car, même si votre chien est petit, un chien non éduqué peut vite transformer une promenade en calvaire s'il n'en fait qu'à sa tête.

Pire encore, cela peut devenir dangereux, un chien mal éduqué sera plus à même de se faire renverser par une voiture s'il parvient à échapper à votre contrôle.

Notez enfin qu'apprendre la marche au pied est une première étape nécessaire pour pouvoir, par la suite, promener un chien sans laisse.

Il est d'ailleurs important d'analyser la raison pour laquelle votre toutou réagit de cette façon :

Vous ne l'avez pas suffisamment fatigué : nos plannings nous empêchent parfois de consacrer du temps à nos toutous et naturellement, cela se ressent sur leur comportement. Il arrive également que certains maîtres se retrouvent dans un cercle vicieux où, dépités par l'attitude de leur chien en laisse, ils décident de réduire la durée des balades, ce qui accentue les troubles comportementaux en dehors du domicile.

Vous le lui avez enseigné : rappelez-vous, un chien choisit toujours l'option qui lui procure le plus de satisfaction. Si à chaque fois qu'il tire sur la laisse, vous vous résignez à avancer, il fera vite l'association "Tirer = Avancer".

METHODES POUR APPRENDRE A MARCHER AU PIED

La marche au pied implique que vous avez déjà enseigné à votre chien la commande "Assis" ou encore mieux l'ordre "Pas bouger". Pour réussir l'apprentissage de la marche au pied, il vous faudra ces accessoires :

- Collier ou harnais (un harnais avec attache lombaire et un harnais d'aide à la marche avec attache au niveau du poitrail)
- Laisse de 1m50
- Longe entre 5 à 10 mètres
- Friandises

METHODE NATURELLE

Cette méthode, non contraignante, repose sur une excellente communication non verbale entre votre chien et vous. Choisissez un espace assez vaste et sécurisé, comme votre jardin, pour bien débuter l'exercice. Voici les étapes de cette méthode :

1. **Attachez une longe de 5 à 10 mètres au collier ou au harnais du chien.** Dans le cas où vous utilisez un harnais, nous vous recommandons de choisir celui avec une attache au niveau du dos.
2. **Marchez tranquillement de façon aléatoire sans faire attention au chien.** Ne l'appelez pas, ne lui parlez pas (à moins que ce soit absolument nécessaire) et laissez-le

explorer ce qu'il souhaite. Au bout d'un moment, votre chien devrait, instinctivement, chercher à obtenir des signaux de votre part. Il va faire plus attention à vos changements de direction. Si ce n'est pas le cas, n'hésitez pas à zigzaguer et à changer plusieurs fois d'itinéraire.

3. **Immobilisez le chien** : lorsqu'il est plus attentif à vos mouvements, appelez-le vers vous avec un "Au pied" et demandez-lui de s'asseoir ou de ne pas bouger.
4. **Changez d'accessoires** : dans cette étape, vous allez retirer le harnais (avec attache au dos) ainsi que la longe pour changer pour un nouveau set de matériel : la laisse de 1m50 et le harnais d'aide à la marche qui s'attache au niveau de la poitrine. Bien évidemment, vous pouvez garder le collier.
5. **Continuez à marcher et faites l'exercice du piquet** : dès qu'il commence à tirer, arrêtez-vous soudainement, avec les jambes bien écartées pour ne pas perdre votre équilibre.
6. **Technique de la ligne droite** : quand il sera résigné et qu'il comprendra que vous êtes celui qui décide de la direction à prendre, vous allez lui apprendre à marcher à vos côtés :
   - Soit vous vous dirigez vers un couloir dans votre domicile
   - Soit vous installez un itinéraire bien droit qui sera délimité par des plots

     Dans les deux cas, adoptez une allure normale en gardant les bras le long du corps. Vous pouvez garder une friandise à la main pour inciter le chien à se placer à vos côtés. C'est également le moment de lui apprendre de quel côté il doit se positionner.
7. **Marquez le comportement** : dès que le chien se place à vos côtés, récompensez-le en insistant sur le signal verbal "Au pied".
8. **Répétez l'exercice** jusqu'à ce que le chien assimile le geste à la commande.

Cette méthode est certes laborieuse, mais elle a l'avantage de faire comprendre au chien, par petites étapes et de façon naturelle, que vous êtes celui qui choisit et qu'il ne peut pas imposer son itinéraire.

Lorsqu'il aura assimilé les étapes précédentes, vous allez pouvoir travailler l'exercice à l'extérieur, avec plus de stimuli, en veillant à ce que le chien vous suive et ne tire pas. Un chien maîtrisant la marche au pied ne mettra aucune pression sur la laisse qui sera totalement détendue.

Si votre chien tend toujours à tirer et à n'en faire qu'à sa tête, revenez aux étapes précédentes ou appliquez l'exercice du piquet en vous immobilisant à chaque erreur.

METHODE ACTIVE

Elle nécessite moins d'étapes et requiert de votre part de vous placer dans une pièce spacieuse, sans distraction, ou le long d'un corridor pas trop étroit :

1. Attachez la laisse au collier ou au harnais de votre chien.
2. Présentez-lui une friandise bien alléchante sans la lui donner.
3. Placez la gourmandise en face de son museau tout en marchant calmement d'une allure régulière.
4. Félicitez-le et donnez-lui sa récompense à chaque fois qu'il se place à vos côtés. S'il commence à vous dépasser, arrêtez-vous et cessez de lui donner sa gourmandise. Maintenez toutefois la friandise au niveau de votre jambe et faites-en sorte qu'elle soit bien visible pour votre toutou. Dès qu'il se replace correctement, félicitez-le à nouveau !
5. Répétez l'exercice et cachez progressivement la récompense : d'abord caché entre vos poings fermés pour finir dans votre poche ou votre pochette à friandises.
6. Lorsque le geste sera fluide pour le chien, il faudra rajouter la commande "Au pied" et recommencez l'entraînement jusqu'à ce que le chien associe cet ordre à la position souhaitée. Ne soyez pas avare en récompense !

Ne passez surtout pas à l'étape suivante si votre boule de poils ne parvient pas à effectuer parfaitement les phases précédentes. Si c'est le cas, n'hésitez pas à rajouter des challenges en vous entraînant à l'extérieur, dans un espace clos ou en public. L'objectif étant de réussir à ce que le chien marche à vos pieds, sans laisse.

CONSEILS SUPPLEMENTAIRES

- Ne faites pas toujours la même promenade, de manière à faire comprendre à votre chien que vous êtes le seul décideur de la marche à suivre.
- Quand votre chien fait mine de tirer vers une destination, choisissez la destination opposée pour lui faire comprendre qu'il n'est pas le décideur.
- Marchez toujours d'un pas léger, pour ne pas stresser votre chien et l'inciter à vous suivre.
- Adaptez la vitesse de votre marche inversement à ce que votre chien désire. S'il tente d'accélérer, ralentissez et s'il tente de ralentir, accélérez. Vous devez être le seul à décider du rythme de la marche.
- Si votre chiot tente de vous doubler, arrêtez-vous et faites-le revenir en arrière, pour lui faire comprendre que vous seul être le maître de la promenade.
- Votre chien s'excite et ne vous écoute plus quand il croise d'autres animaux (chiens, chats, poules, écureuils, etc.) ? Travaillez graduellement la désensibilisation de votre toutou : dès que vous croisez la cause de la distraction, créer une distance de sécurité et éloignez-vous jusqu'à ce que le chien se calme et recommence à vous écouter en revenant à vos pieds. Avec le temps, vous réduirez de plus en plus cette distance de sécurité jusqu'à ce que le chien finisse par ne plus réagir à ces stimuli.

PIEGES A EVITER

- **Travailler la marche au pied quand votre chien n'a pas été assez stimulé** : veillez toujours à le dépenser mentalement et physiquement avant chaque exercice par des jeux ou autres exercices lui permettant de relâcher son trop-plein d'énergie.

- ⊗ **Commencer à s'entraîner à l'extérieur** : il n'est pas recommandé de débuter l'apprentissage de la marche au pied dans un environnement avec trop de distractions. Débutez toujours son éducation dans un lieu calme.
- ⊗ **Ne pas être cohérent** : votre attitude vis-à-vis des agissements de votre chien est la clé de la réussite de son éducation. Si vous reprenez vos mauvaises habitudes en le laissant tirer à nouveau sur la laisse, il continuera sur cette voie.

Finalement, il nous semble important de préciser qu'il faut à tout prix fuir les colliers d'éducation et les solutions coercitives. L'éducation d'un chien prend du temps et ces outils "miracles" peuvent malheureusement détruire le lien de complicité entre vous et votre toutou. Optez pour une méthode plus douce qui ravira votre chien et rendra les balades plus agréables.

APPRENDRE A VIVRE EN SOCIETE

APPRENDRE LA PROPRETE

La propreté du chiot est l'une des premières leçons d'éducation à donner à son compagnon à quatre pattes. Et pour cause, rien n'est plus dérangeant qu'un chien qui fait ses besoins dans la maison. Pourtant, cette étape de son apprentissage peut être extrêmement frustrante pour le maître. On espère tous trouver la solution miracle qui nous permettrait de venir à bout des accidents le plus rapidement possible. Eh bien, nous sommes désolés de vous apprendre qu'aucune méthode expéditive n'existe à ce jour. Comme avec un enfant, l'apprentissage de la propreté prend du temps ! Et si certains chiens rencontrent plus de difficultés à maîtriser l'exercice, vous serez content d'apprendre qu'ils finissent tous par y arriver. Alors, prenez votre mal en patience et suivez nos conseils.

POURQUOI MON CHIEN A-T-IL DES ACCIDENTS ?

Pour commencer, il est important de rappeler que les chiens sont des animaux relativement propres. Ils n'ont pas tendance à faire leur besoin sur leur lieu de vie et à l'endroit où il se couche. Profitez donc de cet instinct naturel pour apprendre au chiot les bons gestes dès ses premières semaines dans votre domicile.

Comme le chien ne lit pas dans vos pensées, il lui sera impossible de se soulager à l'endroit que vous avez désigné à cet effet. Votre rôle est donc de lui faire comprendre que vous souhaitez qu'il fasse ses besoins à un point bien précis à l'extérieur. Il faut donc considérer les accidents de ce nouveau membre de votre foyer comme une incompréhension tout à fait naturelle de sa part. Rien de plus.

Malgré tout, il arrive qu'après avoir terminé leur apprentissage, certains chiens se remettent à uriner à l'intérieur. Cela peut s'expliquer par deux facteurs différents :

Des causes physiologiques : un chien qui fait pipi dans la maison peut être atteint d'une infection urinaire. Il n'arrive alors tout simplement pas à se retenir. Voilà pourquoi il est toujours primordial de consulter un vétérinaire si un chien urine dans la maison de manière soudaine.

Des causes comportementales : bien souvent, c'est le comportement du chien qui est la cause de pipi dans la maison. Votre chien est peut-être trop craintif pour sortir faire ses besoins ou bien si attaché à vous qu'il est stressé à chacun de vos départs.

Si le problème de pipi dans la maison persiste, vous pourriez avoir besoin d'un professionnel : vétérinaire ou comportementaliste canin.

> **Bon à savoir** : les chiens de petite taille (ex. : Chihuahua ou Shi Tzu) ont plus de difficulté à se retenir comparés à des races plus imposantes. Soyez vigilant, car leurs accidents sont moins visibles.

METHODES POUR APPRENDRE A SON CHIEN A ETRE PROPRE

Avant toute chose, il est important d'avoir les bons outils :

- Un collier et une laisse,
- Une montre,
- Des friandises,
- Un bloc-notes,
- Une cage ou un tapis de propreté,
- Les produits de nettoyage spécialement conçus pour venir à bout des odeurs laissés par votre chien.

La méthode que nous proposons se déroule en 4 étapes et se base sur une observation poussée de votre part. Si possible, faites-en sorte d'adopter votre chien durant une période de congé ou des vacances pour mieux faciliter la réussite de son apprentissage à la propreté.

1ERE ETAPE - APPRENDRE A SON CHIEN A IDENTIFIER SON "COIN TOILETTES"

Avant l'arrivée de ce nouveau membre de la famille, veillez à préparer un lieu désigné pour les besoins de votre toutou. Si possible, le "coin toilettes" devrait être en extérieur et à l'abri des intempéries. Cette zone ne devrait pas être consacrée à autre chose qu'à cette finalité. Dès que votre chien fera ces besoins dans cet espace, félicitez-le chaleureusement et récompensez-le d'une friandise. N'oubliez pas de marquer le comportement en prononçant une commande pour que le chien puisse associer le geste à l'ordre (ex. : "Fais pipi", "Toilettes", "Fais tes besoins").

2EME ETAPE - SUPERVISEZ-LE CONSTAMMENT

Ne laissez jamais votre chien seul sans surveillance. Attachez-le à vous via une laisse pour qu'il puisse vous suivre partout dans votre domicile. Cela vous permettra non seulement de connaître les habitudes de votre toutou, mais vous allez par la même occasion pouvoir mieux prévenir ses dérapages : tous les chiens envoient des signaux avant de faire leurs besoins. Par exemple, ils peuvent sembler être plus agités que d'habitude, ils reniflent le sol ou se dirigent vers un lieu qu'ils ont souillé auparavant. Savoir identifier ces comportements vous aidera à anticiper les accidents et à faire de votre chien un animal propre.

Bien évidemment, il vous sera impossible de le surveiller 24h sur 24. Lors de vos absences, deux astuces sont conseillées selon votre préférence :

1. Procurez-vous une cage ou une niche d'intérieur. Partant du constat qu'un chien ne salit jamais son lieu de vie, l'utilisation de cet outil poussera votre compagnon à se contrôler plus longtemps. Naturellement, cette astuce implique que vous n'allez pas vous absenter plus de 3 heures. Dans le cas contraire, vous allez vite mettre l'animal en situation d'échec.

> **Bon à savoir** : il ne faut absolument pas que le chien associe la cage à une punition. Faites-en sorte qu'il l'assimile à un refuge en y introduisant des jouets ou des friandises.

2. Si l'utilisation de la cage vous gêne, il est possible de limiter l'accès du chien à une seule pièce et de lui laisser accès à un tapis de propreté à l'intérieur de votre domicile. Cette astuce est surtout recommandée pour ceux vivant dans un logement sans accès direct à un espace vert et aux maîtres qui ont des chiens ayant du mal à se retenir. L'inconvénient de cette technique est qu'elle rallonge l'apprentissage de la propreté, car il faudra ensuite lui apprendre à se soulager uniquement à l'extérieur.

3EME ETAPE - SOYEZ CONSCIENT DU RYTHME DE VOTRE CHIEN

Si certains préconisent de sortir le chiot toutes les heures au départ, la vérité est que chaque toutou est unique. Nous vous conseillons plutôt de vous munir d'un bloc-notes et de noter, pendant toute une semaine, l'heure à laquelle il fait ses besoins. À l'issue de ces quelques jours d'observation, vous devriez avoir un modèle pour baser votre futur planning des sorties. En général, il est recommandé de sortir le chiot à certains moments stratégiques :

- Dès son réveil,
- Après chaque repas,
- Après chaque séance de jeu,
- Et dans la mesure du possible, deux ou trois fois dans la nuit étant donné que le chiot a encore du mal à se retenir.

4EME ETAPE - CREEZ UNE ROUTINE

Maintenant que vous avez accès à un planning plus ou moins détaillé de la fréquence des besoins hygiéniques de votre chien, il est temps d'instaurer une routine basée sur les données récoltées. Sortez-le plusieurs fois dans la journée à des horaires précis et continuez à le récompenser lorsqu'il se soulage au lieu désigné. Avec le temps, le chien apprendra à se contrôler et fera naturellement ses besoins aux heures souhaitées.

Bon à savoir : l'utilisation d'une commande pendant qu'il fait ses besoins aidera le chien à comprendre ce que vous souhaitez lui demander. Sur le long terme, il ne sera plus nécessaire de patienter : prononcer l'ordre poussera le chien à automatiquement se soulager.

CONSEILS SUPPLEMENTAIRES

- En cas d'accidents, ne lui criez pas dessus. Prononcez un "Non" ferme et ramenez-le au lieu désigné. Si cela s'est fait pendant votre absence, le gronder ou le punir ne servirait à rien du tout ! Votre pauvre toutou ne comprendra pas du tout la raison de votre frustration.
- Veillez à bien nettoyer correctement les déjections de votre boule de poils avec des produits efficaces, adaptés au chien et non javellisés. Si vous laissez des traces de ses accidents, le chien risquerait de revenir au même endroit pour se soulager.
- Au départ, n'ayez pas peur d'abuser avec les récompenses pour bien faire comprendre au chien lorsque vous approuvez son comportement.

MON CHIEN FAIT PIPI LA NUIT : QUE FAIRE ?

Parfois, il arrive qu'un chien fasse uniquement pipi dans la maison à certaines périodes, par exemple durant la nuit.

Dans ce cas, il se peut tout simplement que votre toutou n'arrive pas à se retenir toute la nuit ! S'il s'agit encore d'un chiot, n'ayez pas d'inquiétudes. Il faut quelques semaines pour que la vessie d'un chien soit suffisamment développée pour lui permettre de se retenir plusieurs heures.

Dans le cas contraire, consultez un vétérinaire. Votre chien est peut-être atteint d'une cystite.

Quoi qu'il en soit, pensez toujours à promener votre chien matin et soir, de manière à être certain qu'il ait le temps de faire ses besoins avant que vous ne vous couchiez et dès votre lever. Si votre chien sait qu'il sera promené le matin, il fera plus d'efforts pour se retenir.

MON CHIEN SE CACHE POUR FAIRE SES BESOINS

Certains chiens ont tendance à se cacher pour se soulager ou à vous laisser des petites surprises à des endroits dissimulés (ex. : derrière le canapé), voire à manger leurs excréments. Ce trouble comportemental est souvent lié à un traumatisme ou à une association négative due à une éducation à la propreté trop ferme ou punitive. Cela arrive surtout aux chiens les plus sensibles qui, croyant faire une bêtise, tentent de dissimuler toute trace de leurs déjections.

Pour venir à bout de ce problème, il faut revoir l'apprentissage de la propreté et veillez à utiliser des méthodes ludiques et positives :

- Sortez-le très souvent et félicitez-le dès qu'il fait ses besoins dehors.
- Soyez toujours dans la même pièce que lui lorsque vous êtes à la maison.
- Dans la mesure possible, déplacez les meubles pour l'empêcher de cacher ses accidents.
- N'élevez pas la voix et n'usez jamais de la violence !

MON CHIEN FAIT UN ACCIDENT ALORS QUE JE VIENS DE LE SORTIR

Il arrive que votre boule de poils fasse un accident à l'intérieur malgré le fait que vous venez de le sortir. Tournez-vous d'abord vers votre vétérinaire pour vous assurer que la raison n'est pas d'ordre médical. Dans le meilleur des cas, ce comportement est tout simplement dû à une vessie non complètement vidée !

Lors des prochaines sorties hygiéniques, même si vous pensez que votre chien a terminé de faire ses besoins, patientez un peu plus longtemps. Surtout s'il a trop bu dans la journée. Un autre conseil serait de ne pas le distraire avant qu'il n'ait complètement terminé de faire sa petite affaire : les félicitations et les récompenses durant l'acte peuvent le stopper dans son élan.

MON CHIEN PEINE A FAIRE SES BESOINS SUR CERTAINES SURFACES

Comme les enfants qui peinent à faire la transition entre le pot et les toilettes, nos toutous ont également leurs préférences. Certains chiens ont été habitués à faire leur besoin sur une surface précise (ex. : journal, tapis d'éducation, etc.) et refusent de se soulager ailleurs. Ce comportement est généralement observé chez les chiens issus des animaleries.

Ici, le but est de déconditionner votre compagnon en rendant la surface choisie plus attrayante :

- Si votre chien n'urine et ne fait caca que sur un tapis de propreté ou un journal, déplacez progressivement l'objet vers le lieu désiré (ex. : dans l'herbe à l'extérieur).
- Arrêtez de lui donner une friandise ou de le féliciter lorsqu'il fait ses besoins dans son ancien spot. Récompensez-le uniquement lorsqu'il se soulage au bon endroit.
- Nettoyez consciencieusement son ancien "coin toilettes" avec des produits adaptés. Le fait de ne plus sentir son odeur devrait le désorienter.

MON CHIEN NE FAIT PAS SES BESOINS LORSQU'IL PLEUT

Qui peut lui en vouloir ? Le chien qui n'a pas été familiarisé avec la pluie risque d'en avoir peur ou de ne pas se sentir à l'aise en extérieur lorsqu'il pleut. Cela peut vite devenir problématique pour les sorties hygiéniques. Pour prévenir ce problème, vous pouvez :

- Habituer votre toutou, dès son plus jeune âge, à faire des activités liées à l'eau et à être mouillé (ex. : piscine, jouer avec l'arrosoir automatique, etc.).
- Le conditionner à aimer la pluie en le promenant et en jouant avec lui durant les averses.

LES PIEGES A EVITER

On ne le dira jamais assez : la pire erreur à faire quand un chien urine dans la maison est la punition ! À moins d'être pris la main dans le sac, votre animal ne comprendra jamais pourquoi vous lui criez dessus. Et lui mettre la truffe dans ses excréments rendra la situation encore plus confuse ! En cas de pipi dans la maison, contentez-vous d'isoler votre chien au moment de nettoyer ses oublis. Et pensez toujours à le féliciter lorsqu'il fait ses besoins à l'extérieur.

D'autres erreurs sont à proscrire :

- Evitez d'apprendre à votre chien à faire pipi sur un journal. C'est une mauvaise habitude, car un chien aura toujours du mal à comprendre la différence entre le journal et une moquette. Il est de ce fait plus efficace de lui apprendre directement à uriner dehors, même si cela va impliquer quelques tâches au début de votre éducation.
- Beaucoup de maîtres font l'erreur d'associer des émotions humaines aux accidents. Non, le chien ne fait pas ses besoins à l'intérieur pour se venger ou pour vous punir. Votre toutou est en plein apprentissage et aura besoin de temps avant de devenir complètement propre. Soyez indulgent.
- Ne laissez jamais le soin à votre chien de choisir son "coin toilettes". Dès le départ, optez pour un lieu précis. Cela donnera un repère à votre compagnon à quatre pattes et vous permettra de trouver facilement ses déjections.
- Il est important de bien choisir les produits destinés à nettoyer les salissures de votre chien. Les produits contenant de la javel risquent, par exemple, d'accentuer les odeurs.

APPRENDRE A NE PAS ABOYER

On a beau adorer nos toutous, il arrive que certains de leurs comportements nous rendent chèvre. Et les aboiements intempestifs se trouvent probablement en tête de liste !

Le chien qui aboie peut vite devenir ennuyeux, non seulement pour vous, mais également pour vos voisins. C'est d'autant plus embêtant, si votre compagnon à quatre pattes s'y met aussi la nuit. Pour éviter de collectionner les amendes pour nuisance sonore, il faut rapidement y remédier.

COMPRENDRE L'ABOIEMENT DU CHIEN

Pour commencer, rappelons que l'aboiement du chien est quelque chose de très naturel. Il s'agit avant tout d'un mode de communication pour votre toutou. À défaut de pouvoir parler, il a trouvé un autre moyen de vous faire passer un message. Néanmoins, si votre chien aboie tout le temps, c'est qu'il y a un problème. Voilà pourquoi nous vous recommandons d'emmener le chien qui aboie de manière répétée chez un vétérinaire. Il faut être sûr que ce comportement ne vient pas d'un problème médical comme le syndrome HS-HA.

Le syndrome HyperSensibilité - HyperActivité (HS-HA) : le chien atteint de ce syndrome est en permanence surexcité. Ce trouble du développement se traduit par des comportements indésirables dus à une incapacité du chien à gérer ses émotions. Les symptômes varient selon l'individu : aboiements sans raison, jeux incessants, agressivité, difficulté à se concentrer au moindre stimulus visuel ou auditif, malpropreté ou encore insomnies. Le chien est difficile à canaliser et peut représenter un danger pour les autres et pour lui-même. Si les causes sont encore peu connues, les experts s'accordent à remonter ses origines à une séparation précoce avec la mère ou à un manque d'attention de cette dernière durant les premières semaines de la vie du chien. Le traitement de ce syndrome implique une thérapie comportementale ainsi qu'un traitement médical pour les cas les plus compliqués.

Après avoir éliminé toutes les pathologies probables, il est temps de se focaliser sur l'origine de ces aboiements pour obtenir une solution adaptée. Essayez tout d'abord d'identifier dans quel type de contexte le chien aboie. N'oublions pas qu'aboyer permet à vos boules de poils d'exprimer différentes émotions :

- La protection du foyer
- La peur
- L'ennui
- La frustration
- L'excitation
- Le conditionnement

Vous l'aurez compris, l'aboiement du chien peut vouloir dire tout et n'importe quoi. Il leur arrive même de japper uniquement pour attirer votre attention. Mais comment éviter ce comportement du chien qui vous agace ?

LES METHODES POUR LIMITER LES ABOIEMENTS DU CHIEN

Vous pensez avoir tout essayé pour que votre chien arrête d'aboyer, et ne sachant plus quoi faire, l'idée de recourir à un collier anti-aboiement ou à une muselière vous semble être la dernière solution possible. Sans vouloir juger les utilisateurs de ces équipements, il est important de comprendre qu'ils sont loin d'être efficaces sur le long terme : oui, ils vont obliger le chien à stopper ses vocalises, mais ne vont pas s'attaquer à la cause des aboiements. Pour rappel, le chien essaie de communiquer avec vous, le forcer à se taire ne ferait qu'enfouir les origines du problème.

La première solution quand un chien aboie, c'est l'éducation ! Il est intéressant de comprendre pourquoi un chien aboie et de penser à l'éduquer, de sorte à fournir une réponse et une solution adéquate au contexte spécifique qui pousse votre toutou à japper.

Pour ce faire, voici quelques astuces à appliquer pour lui apprendre à ne pas abuser de ses aboiements :

1. CONFRONTER LE CHIEN AUX AUTRES ET A DES SITUATIONS QUOTIDIENNES

Les principales causes d'aboiements d'un chien sont la peur et l'instinct de garde. Si votre chien n'a jamais connu que vous dans son territoire (c'est à dire dans votre maison), il aura une tendance naturelle à aboyer au moindre bruit ou à l'arrivée d'un inconnu. Dès son plus jeune âge, pensez donc à inviter des personnes et à le familiariser avec la présence d'autrui. De même, initiez-le aux situations quotidiennes (bruit, circulation, foule, etc.) de manière à ce qu'il n développe aucune phobie et ne devienne pas craintif.

2. FAIRE DE L'EXERCICE

Un chien peut également aboyer, car il s'ennuie férocement ! Si votre animal semble hyperactif et fait des dégâts chez vous ou dans votre jardin, le problème ne vient pas forcément de lui. En effet, si vous négligez les balades quotidiennes ou le sport du chien, cela pourra se retourner contre vous sous forme d'aboiement et d'énervement !

3. ÊTRE A L'ORIGINE DES JEUX ET SORTIES

Une autre cause d'aboiement est tout simplement une demande d'attention. Si vous vous pliez aux quatre volontés de votre chien au moindre aboiement, vous l'inciterez à aboyer de plus en plus souvent. Quand votre chien aboie, ignorez-le ou isolez-le dans une autre pièce. Dès son plus jeune âge, il doit comprendre que c'est vous qui décidez quand le sortir ou quand jouer avec lui.

Attention : répondre à un aboiement de chien en hurlant ne fera qu'exciter votre animal et aura l'effet inverse de celui recherché.

4. SAVOIR IGNORER SON CHIEN

Pour éviter que votre chien aboie en votre absence, ne lui faites pas la fête quand vous entrez dans la maison ou quand vous la quittez. À votre arrivée, ignorez votre chien et ne faites pas de chaque retour une célébration. Lors d'un départ, ne dites jamais au revoir à votre animal. Cela aura en effet tendance à pousser votre chien à aboyer jusqu'à votre retour.

5. APPRENDRE A MON CHIEN A NE PAS ABOYER

Peur, excitation, solitude ou volonté d'attirer votre attention : lorsque le chien commence à aboyer, il est assez rare qu'il se fatigue le premier. Paradoxalement, pour apprendre à votre chien à ne pas aboyer, il est pertinent de lui enseigner dans un premier temps à aboyer sur commande. Utilisez la technique de la capture pour faciliter l'exercice. Cette technique consiste à pousser le chien à aboyer et à le récompenser par la suite :

1. Après avoir observé les contextes et stimuli provoquant les jappements de votre toutou, servez-vous-en pour déclencher un aboiement de sa part. Ex. : beaucoup de chiens réagissent à une sonnette. Sonnez à la porte pour que le chien se mette à donner de la voix.
2. Dès qu'il jappe, dites "Oui" et récompensez-le par une caresse ou une friandise.
3. Répétez plusieurs fois l'exercice jusqu'à ce qu'il comprenne ce que vous attendez de lui.

4. Puis, quand il commence à aboyer spontanément, profitez-en pour lui annoncer un ordre, comme le mot "Aboie" et récompensez-le. Vous pouvez également accompagner la commande par un geste pour marquer le comportement.
5. Répétez l'exercice et de temps en temps, dites-lui "Aboie": s'il se met à aboyer, vous lui donnez la récompense méritée.

Maintenant que le chien associe la commande "Aboie" au fait d'aboyer, il est temps de lui apprendre à faire l'exact opposé et à se taire.

1. Choisissez un ordre bien précis (ex. : "Silence", "Chut") et travaillez votre intonation. L'objectif étant de ne jamais crier sur le chien, mais d'utiliser la commande en abaissant la voix tout en étant ferme.
2. Dès que votre chien s'arrête d'aboyer après l'ordre "Aboie", prononcez la commande "Silence" et donnez-lui une friandise. Le timing est très important pour ne pas dérouter le chien. Si vous avez peur de faire une erreur, il est possible d'introduire le "Stop" pendant que le chien aboie avant de prononcer l'ordre "Silence" lorsqu'il se calme enfin.

Vous avez dès lors appris à votre chien à cesser d'aboyer, même quand ce n'est pas vous qui avez déclenché les aboiements. N'oubliez pas de continuer à récompenser encore un certain temps l'arrêt des aboiements !

CONSEILS

- Restez toujours calme. Et oui, c'est plus facile à dire qu'à faire ! Mais sachez qu'au jeu du "Qui criera le plus fort ?", vous risquez de perdre très rapidement et d'exciter encore plus votre chien.
- En dehors de l'apprentissage des commandes "Aboie" ou "Silence", il est possible d'arrêter les jappements en ignorant tout simplement le chien. Cela fonctionne surtout sur les individus qui souhaitent attirer votre attention. Ne le récompensez que s'il se calme.

MON CHIEN ABOIE QUAND IL ENTEND SONNER A LA PORTE

Très commun chez de nombreux chiens, ce comportement s'explique généralement par une volonté de protéger les membres de son groupe social. Votre toutou a vite fait de comprendre que la sonnette ou les frappements à la porte veulent dire qu'une personne souhaite entrer dans son territoire. Les chiens à l'instinct de garde élevé sont plus touchés par cette habitude. Ici, il faudra bien identifier ce que le chien veut véhiculer comme message :

Aboiements de prévention ou d'alerte

Votre chien aboie pour vous prévenir qu'une personne attend à la porte et souhaite s'introduire chez vous. Il s'arrête en général dès que vous faites entrer votre invité. Dans ce cas précis, votre chien fait quelque chose de très naturel et n'a aucune intention d'agresser la personne. Son attitude n'a rien de problématique, bien au contraire ! Punir le chien qui souhaite vous alerter d'une intrusion risque de dérouter l'animal et d'éradiquer une habitude qui peut être très bénéfique dans de nombreuses situations. Comment réagir ? :

- Toujours laisser des friandises près de l'entrée.
- Dès qu'on sonne à la porte et que le chien se met à aboyer, dirigez-vous calmement vers l'entrée et donnez une friandise à votre toutou en prononçant une commande (ex. : "Silence") ou des phrases comme "Bon chien" ou "C'est bon". Ces indications permettront à votre chien de comprendre que son rôle est terminé et qu'il a bien fait son travail de prévention.

Aboiements d'excitation

De nombreux chiens ont tendance à aboyer par excitation en entendant sonner à la porte. Ce genre de comportement témoigne d'un trop-plein d'énergie et arrive surtout aux individus qui ne sortent pas assez, qui sont peu socialisés ou qui restent bloqués constamment dans leur jardin. Même si ce type d'aboiement n'a rien d'agressif en soi, cela peut vite être fatigant à entendre pour le maître. Voici nos conseils :

- La première chose à faire est bien sûr d'augmenter le rythme des promenades quotidiennes pour permettre à votre ami canidé de se défouler. Un chien qui se sera dépensé correctement sera plus calme à la maison.
- Travaillez l'auto-contrôle avec votre toutou à chaque fois qu'on sonne à la porte en lui demandant de s'asseoir ou de se coucher. Cela poussera le chien à se concentrer sur vous. Dès qu'il arrête d'aboyer, récompensez-le avec une friandise. Avec le temps, il s'assoira automatiquement en entendant le bruit de la sonnette.

Aboiements de mise en garde

Contrairement aux deux précédents exemples, ces aboiements cachent une certaine agressivité et de l'anxiété. Votre chien protège son territoire et met en garde la personne derrière la porte qu'il ne veut pas la laisser entrer. Ce genre de comportement vient d'un manque de socialisation. Votre compagnon à quatre pattes ne fait pas confiance aux inconnus et à tous ceux cherchant à s'introduire chez vous. Selon la gravité du problème, nous vous conseillons de vous diriger vers un professionnel pour rectifier ce comportement.

Sinon, la meilleure option est de désensibiliser le chien :

- Habituez-le à associer le son à une émotion positive : donnez-lui une friandise à chaque fois qu'on sonne à la porte.
- Vous pouvez également enregistrer le son de la sonnette sur un appareil électronique et le désensibiliser en jouant plusieurs fois l'audio jusqu'à ce qu'il ne sursaute plus en entendant le son.

MON CHIEN ABOIE SUR DES PASSANTS OU SES CONGENERES DANS LA RUE

Certains chiens réagissent mal en croisant des personnes ou d'autres chiens lors d'une ballade. Les raisons qui poussent un chien à aboyer sur des passants ou ses congénères sont nombreuses et le mieux est de faire appel à un comportementaliste canin. Ce genre de comportement n'est pas à prendre à la légère et risque de dégénérer sans action de votre part.

Aboiements de frustration

Avant toute chose, il est important de noter que les aboiements à l'encontre d'autrui ne signifient pas forcément que votre toutou veut attaquer. Souvent tenus en laisse lors des promenades, certains chiens tendent à aboyer et à tirer sur leur laisse pour marquer leur frustration de ne pouvoir saluer les individus qu'ils croisent. Cela arrive chez les toutous très sociables qui ont du mal à gérer leur trop-plein d'amour. Voilà ce qu'il est recommandé de faire :

- Donnez-lui l'occasion de bien se défouler pour éviter toute frustration : que ce soit via des jeux ou des sorties sécurisées sans laisse, votre chien doit pouvoir avoir des moments de liberté.
- Travaillez l'obéissance et l'autocontrôle en extérieur : il doit pouvoir être capable de s'asseoir et ne pas bouger à chaque nouvelle rencontre. Bien évidemment, il vous faudra être patient, car il n'apprendra pas à se maîtriser en une journée. N'oubliez pas de le récompenser chaque fois qu'il s'exécute.

Aboiements d'angoisse et de mise en garde

Certains individus appréhendent les nouvelles rencontres et présentent un comportement agressif : aboiements, grognements ou il arrive qu'ils montrent leurs dents. Cela survient surtout chez les chiens qui n'ont pas été assez sociabilisés ou ceux ayant connu des traumatismes dans leur passé. Beaucoup de maîtres, par peur de se faire juger ou par stress, décident de ne sortir leurs toutous que tard la nuit ou dans des lieux déserts. Grave erreur ! La clé est de l'habituer à accepter ces rencontres :

- Anticipez les rencontres : dès que vous voyez une personne ou un chien au loin, faites-en sorte d'attirer l'attention de votre boule de poils avec un jouet ou un son. Et quand il se concentre enfin sur vous, donnez-lui une friandise.
- Répétez l'exercice plusieurs fois jusqu'à ce qu'il associe les nouvelles rencontres à un sentiment positif.
- Si vous avez peur de le confronter directement à la rue, demandez à un groupe d'amis que le chien ne connaît pas de vous aider. Allez dans un lieu avec peu de passages et jaugez jusqu'à quelle distance votre toutou se sent en sécurité à l'approche d'un inconnu.
- Puis, comme avec l'exercice précédent, désensibilisez-le en le distrayant et en le récompensant à chaque nouvelle rencontre. Bien évidemment, le timing est important : ne le félicitez pas s'il présente des comportements indésirables, mais seulement lorsqu'il est calme.
- Continuez l'exercice en réduisant progressivement la distance entre la personne et le chien.

LES PIEGES A EVITER

Pour lui apprendre à arrêter rapidement, comme toujours dans l'éducation, la cohérence sera votre meilleure alliée. Il faut apprendre à votre chien à comprendre "Silence". Il n'est pas forcément très efficace de le crier : pour lui c'est un encouragement à continuer, pour vous, c'est une limite dans votre marge de progression sonore. Au contraire, "Silence" dit très bas oblige votre chien, qui n'est pas sourd, à se concentrer sur votre voix et vous laisse la possibilité de hausser le ton par la suite.

Voyons un peu les méthodes à complètement éviter...

- ⊗ Vous le frappez : ça défoule, mais c'est inutile, violent, injuste (il n'a pas non plus commis un crime !) contre-productif et limite au regard des lois sur la protection des animaux. On oublie donc.
- ⊗ Vous lui proposez une friandise-récompense. S'il s'arrête d'aboyer, il obtient la friandise. Cela va l'inciter à aboyer pour obtenir des friandises. Même chose pour les caresses qui encouragent le chien à continuer à japper. À éviter.
- ⊗ En dehors de l'apprentissage des commandes "Silence" ou "Aboie", vous pouvez stopper momentanément les aboiements en détournant l'attention du chien. Vous pouvez lancer un objet dans sa direction (un jeu, par exemple, pour ne pas avoir à sacrifier vos chaussettes) pour lui faire perdre le cours de ses pensées. Distrait, le chien oublie la cause de ses aboiements. Si cette astuce se révèle être très pratique, elle peut aussi sur le long terme entraîner un conditionnement : "si je veux jouer avec toi, il faut que j'aboie un moment pour que tu m'envoies un jouet". À éviter.

APPRENDRE A NE PAS SAUTER SUR LES GENS

Un chien qui saute sur les gens n'a rien d'insolite : que ce soit sur vous, vos invités ou encore les passants, cette habitude fait partie des complaintes les plus communes chez les maîtres novices. Pourtant, si ce genre de comportement peut vous sembler adorable de la part d'un chiot, cela peut vite devenir contrariant, voire dangereux chez le chien adulte qui est plus lourd et imposant. Eh oui, de nombreuses personnes ne sont pas à l'aise avec les chiens ! De ce fait, il est important d'empêcher un chien de sauter sur les gens pour éviter tout type d'accidents et de situations embarrassantes.

POURQUOI MON CHIEN SAUTE-T-IL SUR LES GENS ?

Avant toute chose, rappelons ce que signifie un chien qui saute sur les invités et les personnes croisées dans la rue. Pour les chiens, une bonne manière de se dire bonjour est de se lécher le museau ou encore de le renifler ! Vous remarquez cela si vous faites bien attention lors de la rencontre entre deux chiens.

Problème : le "museau" des humains (votre visage !) n'est pas au même niveau qu'eux. Pour vous saluer, ils seront donc tentés de sauter jusqu'à votre visage. Or, si un chiot qui saute peut être mignon, c'est une tout autre histoire lorsqu'il grandit. Un chien peut d'ailleurs se mettre à sauter sur n'importe qui et devenir un danger pour les enfants.

Il est donc indispensable de bien éduquer son chien pour qu'il comprenne qu'il ne doit pas saluer un humain comme il salue un autre chien.

Cependant, il est important d'avoir à l'esprit que ce comportement n'a rien d'agressif en soi ! Votre toutou est sociable et n'a pas encore appris les bons gestes. Sans aller jusqu'à l'encourager à sauter, il faut absolument éviter de le punir ou de le gronder au risque de modifier son tempérament accueillant et chaleureux.

COMMENT EVITER LES SAUTS ?

Plusieurs techniques d'éducation existent pour vous permettre de stopper ce mauvais comportement. Pour cela, comme pour la plupart des méthodes, on utilisera un jeu ou une friandise.

IGNORER LE CHIEN

En sautant, votre toutou cherche à attirer votre attention. Et comme il a tendance à obtenir une réaction de votre part, il ne voit aucune raison d'arrêter. Une astuce serait donc d'ignorer votre chien lorsqu'il vous saute dessus. L'ignorer implique de ne pas lui adresser la parole ni de le regarder. Le mieux est de lui tourner le dos en croisant les bras jusqu'à ce qu'il se calme. Félicitez-le et récompensez-le dès qu'il arrête. Pour que l'exercice soit efficace, il faut que tous les membres de la famille ainsi que vos invités s'y mettent. Ainsi, à force de répétition, votre compagnon à quatre pattes va vite comprendre que sauter sur les gens ne lui donnera aucune satisfaction.

Bien sûr, cette technique ne fonctionne pas sur tous les chiens. Certains individus sont tenaces : mordillements, jappements et couinements, ils vont tout essayer pour vous faire réagir. Soyez persévérant et continuez à l'ignorer quitte à vous déplacer dans une autre pièce.

OFFRIR UNE ALTERNATIVE AU CHIEN

Le but est de stopper les sauts et non d'apprendre au chien à être moins sociable. Au lieu de le punir ou de le frustrer dans son besoin d'attention ou de saluer les gens, pourquoi ne pas lui enseigner une nouvelle manière d'afficher son affection ?

La méthode que nous allons vous présenter implique que votre toutou connaisse déjà les ordres de base (ex. : "Assis", "Couché", "Debout").

Si votre chien vous fait la fête quand vous arrivez et menace de sauter, retournez derrière la porte et laissez-la entrebâillée, pour voir votre chien. Là, montrez-lui une friandise ou un jouet pour chien pour attirer son attention.

Une fois qu'il a bien vu sa récompense, ordonnez-lui de s'asseoir ou de rester dans une autre position, en statique. À chaque fois qu'il essaie de sauter, prononcez l'ordre "Pas sauté" fermement accompagné d'un geste de négation, puis poursuivez avec la commande "Assis". Une fois qu'il est resté assis suffisamment longtemps, entrez et donnez-lui sa récompense. S'il se met à sauter avant que vous n'arriviez à son niveau, recommencez l'exercice.

À terme, remplacez la friandise pour chien par un simple jouet. Si tous les membres de la famille s'accordent pour suivre cette technique, votre toutou finira par vous attendre assis, bien sagement.

Il est important de répéter cette technique très souvent, puis de la pratiquer avec des invités. Sans quoi, votre chien ne comprendra pas qu'il ne doit pas sauter sur les gens.

CONSEILS PRATIQUES :

- Il arrive que le chien saute sur des personnes parce qu'il est tout simplement trop excité. Ayez l'habitude de le sortir régulièrement pour qu'il se dépense, via des promenades, des séances de jeux et des activités de réflexion.
- Le timing est crucial en félicitant votre chien. Récompensez-le dès que ses pattes avant touchent le sol.
- Demandez l'aide d'un groupe d'amis pour travailler l'exercice à l'intérieur et à l'extérieur du domicile. Vous aurez atteint l'objectif lorsque votre boule de poils s'assoit automatiquement en recevant un invité.

Pour terminer cet article, nous tenons à rappeler les mauvaises pratiques à NE PAS adopter si vous voulez que votre chien arrête de sauter sur les gens :

- ⊗ **Crier sur le chien** : un chien qui saute est un chien excité de vous voir. Crier sur lui ou vous énerver ne fera qu'accentuer son excitation, ce qui est l'inverse de l'effet recherché. Restez toujours calme quand votre chien saute sur vous !
- ⊗ **Repousser le chien** : le chien qui saute sur les gens cherche un contact ou une attention. Ne faites donc pas l'erreur de le repousser. Contentez-vous de l'ignorer, sans le toucher ni le regarder. L'idéal est de croiser les bras et de tourner le dos au chien, en lui ordonnant de s'asseoir.
- ⊗ **Faire la fête à son chien** : pour éviter d'encourager un mauvais comportement, ne faites jamais la fête à un chien quand vous partez ou quand vous rentrez. Agissez au contraire calmement pour que chacun de vos passages ne soit pas un événement !

APPRENDRE A ALLER AU PANIER

L'ordre "A ta place" ou encore "Au panier" est très pratique si vous voulez inciter votre chien à rester bien calme. Pour éduquer son chiot à cet ordre, il vous faut suivre une technique bien précise. Comme toujours, quand on veut apprendre des tours amusants à son chien, ou l'éduquer aux bonnes manières, cela nécessite beaucoup de patience et d'implication.

À QUOI SERT L'ORDRE "AU PANIER" ?

Il consiste à apprendre à son chien à retourner à sa place (dans son panier, sur son coussin préféré, dans un coin de la maison, etc.).

Imaginez que vous recevez des invités. Toutou se met à devenir un peu foufou et vous gêne dans l'accueil de vos hôtes. Un simple "A ta place" ou "Au panier" suffit à lui faire comprendre que vous préférez le voir dans son panier plutôt que dans les pieds de vos convives ! Utile, n'est-ce pas ? Cet ordre est également bénéfique pour les chiens anxieux qui se sentiront tout de suite plus confiants dans cet espace qui leur est dédié.

INITIER UN CHIEN A SON PANIER

Pour que l'exercice fonctionne, il est préférable que le chien connaisse déjà son panier et s'y sente à l'aise. Le "A ta place" est un ordre à apprendre quand le chien a déjà plusieurs mois, et si possible, après des ordres plus élémentaires ("Pas bouger !", "Couché", etc.).

Le choix du panier est une étape importante pour garantir l'efficacité de l'exercice : le panier doit être confortable et adapté à la morphologie de votre boule de poils. Ce lieu doit être un véritable refuge pour lui. Ne vous étonnez pas de voir votre chien se lover plus souvent sur le canapé ou votre lit s'il ne trouve pas son panier très agréable.

DETERMINER L'ENDROIT DU PANIER

Pour commencer, il faut avoir bien positionné le panier ou le coussin du chien. Il doit idéalement se situer au calme et à l'abri du passage : évitez donc les couloirs, les escaliers ou les portes.

Le panier doit représenter un havre de paix pour votre toutou : laissez-le tranquille lorsqu'il s'y trouve et ne l'embêtez surtout pas. Cette règle est d'autant plus importante pour les enfants en bas âges qui risquent de frustrer le chien à force de le déranger dans ses moments de quiétude.

PRESENTER LE PANIER A VOTRE CHIEN

Si vous êtes en train d'éduquer un chiot, l'idéal est qu'il comprenne tout de même à quoi sert son panier et où il est situé.

Il est important que le chien considère le panier comme un endroit de repos. Il ne faut pas associer le panier à une punition et encore moins à un enfermement. Ne forcez donc jamais un chien à entrer dans le panier ni à y rester.

APPRENDRE A SON CHIEN A RETOURNER A SA PLACE

Éduquer son chien nécessite beaucoup de patience et de persévérance. Comme toujours, il vaut mieux privilégier une méthode basée sur le renforcement positif. Pour apprendre ce nouvel ordre à votre toutou, vous aurez besoin d'une friandise pour chien ou d'un jouet.

Voici les étapes qu'il faudra suivre pour réussir l'exercice :

1) APPATEZ LE CHIEN VERS LE PANIER

1. Pour débuter la méthode d'éducation du chiot à proprement parler, équipez-vous d'une friandise. Montrez-la à votre toutou sans la lui donner.
2. Puis, en utilisant la friandise, incitez le chien à rejoindre son panier. Si la friandise est suffisamment bien choisie, vous n'aurez aucun mal à ce qu'il vous suive en se léchant les babines !
3. Une fois le chien dans le panier, donnez-lui la friandise puis écartez-vous légèrement. Pour que le chien y reste le plus longtemps possible, éparpillez des friandises et laissez-y des jeux.
4. Réitérez l'expérience trois ou quatre fois, jusqu'à ce qu'il comprenne le but de l'exercice.

À ce stade, il ne faut pas encore introduire l'ordre "Au panier" ou "A ta place".

2) APPRENDRE L'ORDRE "A TA PLACE" !

Comme toujours dans l'éducation d'un chien, tout est une question de répétition. Quand le chien commence à comprendre que vous souhaitez qu'il reste dans son panier, utilisez l'ordre que vous souhaitez associer à cette commande (ex. : "A ta place", "Dans ton panier", "Le panier !", etc.). Le but est que le chien associe cet ordre avec sa présence au panier.

1. Recommencez les consignes précédentes en veillant à prononcer l'ordre "A ta place" dès que le chien à ses quatre pattes à l'intérieur du panier. Il est possible d'accompagner l'ordre d'un geste indicatif.
2. Continuez à le récompenser par des friandises ou des caresses quand il reste dans son panier. Faites cet exercice plusieurs fois dans la journée de façon aléatoire.

Si votre chien semble être dérouté et ne comprend pas ce que vous souhaitez lui demander en disant l'ordre choisi, c'est que vous vous êtes trop pressés. Soyez patient et reprenez les étapes précédentes.

Conseils : les séances d'éducation doivent être courtes pour ne pas ennuyer ou frustrer le chien. Ne consacrez jamais plus de 15 minutes par séance.

3) INTENSIFIER L'EXERCICE

Maintenant que votre toutou a fait l'association entre l'ordre et le geste, il est temps de rendre l'exercice plus difficile.

- Au fur et à mesure, éloignez-vous de plus en plus du panier au moment de dire l'ordre. En entendant, la commande "A ta place", le chien doit se précipiter au panier.
- Naturellement, s'il ne le fait pas au départ, rapprochez-vous du panier et répétez l'ordre. Il est possible que vous ayez brûlé trop vite les étapes. Si besoin, appâtez-le à nouveau vers son panier jusqu'à ce qu'il comprenne ce que vous désirez de lui.
- Essayez de vous éloigner progressivement du panier, et attendez toujours un peu plus longtemps entre le moment où le chien entre dans le panier et celui où vous lui donnez la récompense.
- Pour éviter de vous reprendre plusieurs fois, ne donnez la friandise au chien que s'il s'exécute dès la première fois.
- Essayez ensuite de faire l'exercice avec plus de distractions : demandez à vos enfants de venir jouer dans la pièce ou invitez des amis à la maison.

Conseils : après un moment, arrêtez de donner des friandises et contentez-vous de féliciter le chien ou de le caresser. L'important est de toujours le récompenser et de montrer votre contentement quand il répond correctement à l'ordre.

PIEGES A EVITER

Pour permettre à votre chien d'apprendre dans les meilleures conditions possible, certains comportements sont à bannir :

- ⊗ Ne tirez jamais votre chien par le collier et n'essayez pas de le pousser à y aller. C'est un choix qu'il doit faire de son plein gré pour que l'exercice fonctionne !
- ⊗ Ne débutez jamais l'exercice dans une pièce remplie de distractions. De même, privilégiez des moments stratégiques pour les séances d'éducation (ex. : après les balades quotidiennes).
- ⊗ N'allez pas trop vite ! Si certains chiens vont assimiler rapidement l'exercice, d'autres auront besoin de plus de temps. Soyez patient et ne survolez pas les étapes de manière trop empressée.
- ⊗ Ne retirez pas trop vite les friandises. Continuez automatiquement à lui en donner pendant les premiers jours. Le chien est opportuniste, profitez de ce trait pour lui apprendre plus facilement l'exercice en un temps record.

APPRENDRE A RESTER SEUL A LA MAISON

Dans les jours qui suivent son arrivée dans la famille, le chiot est l'objet de toutes les tendresses et de toutes les attentions. Malgré votre envie de le chouchouter, c'est le moment idéal pour commencer à lui apprendre à rester seul à la maison. Pour que votre absence ne soit pas une souffrance pour lui et votre retour une souffrance pour vous, il est temps de vous y mettre ! Voici quelques astuces pour rendre possible et facile cet apprentissage.

POURQUOI LUI APPRENDRE LA SOLITUDE ?

Il n'y a rien d'agréable ni de mignon dans le fait d'avoir un toutou vous suivant partout et les propriétaires des chiens atteints d'une angoisse de séparation seront les premiers à vous le dire. Ne pas apprendre la solitude à son chien peut créer une dépendance chez lui ayant pour résultat un hyperattachement. Ce trouble comportemental se manifeste de différentes façons : malpropreté, aboiements et hurlements incessants en cas d'absence de son maître, comportements destructeurs, fugues ou encore automutilation. Désespérés, de nombreux maîtres se décident généralement à abandonner leur compagnon en refuge faute de solution.

Pour éviter d'en arriver là, des méthodes préventives existent ainsi que des techniques de désensibilisation pour permettre à votre boule de poils de se sentir bien dans ses pattes malgré vos absences.

LES GESTES ET ATTITUDES A ADOPTER POUR APPRENDRE A VOTRE CHIEN A RESTER SEUL A LA MAISON

Avant de débuter, il est important de rappeler que la solitude n'est pas normale chez nos amis canidés. Comme les humains, ce sont des animaux sociaux qui aiment vivre en groupe. Ainsi, apprendre la solitude chez le chien va donc à l'encontre de sa nature. Pour faciliter au mieux cet exercice, il est conseillé de débuter cet apprentissage chez le chiot plutôt que chez l'adulte. L'objectif est de faire comprendre à son toutou qu'il n'y a rien d'effrayant dans le fait de ne pas être collé à vous. Pour que le chiot vive le départ avec sérénité, il faut qu'il en ait conscience d'une part et qu'il le voit comme un événement de peu d'importance d'autre part.

APPRENDRE AU CHIEN A S'ENNUYER

L'apprentissage de l'ennui est une étape importante pour réussir à enseigner à votre boule de poils à rester seul. Un chien qui sait gérer son ennui aura plus de facilité à supporter la solitude. Voici nos conseils :

- Ne répondez pas à toutes ses sollicitations et à ses demandes. Oui, il n'est pas plaisant de dire non à ce petit être aux yeux doux et aux oreilles baissées. Mais croyez-nous, il est important d'être à l'initiative des contacts et de savoir dire non de temps en temps aux sollicitations à jouer ou aux caresses.
- S'il insiste, envoyez-le dans son panier ou ignorez-le jusqu'à ce qu'il se calme.
- Laissez-lui des jouets pour qu'il apprenne à s'occuper tout seul.
- Le laisser s'ennuyer dans son coin ne veut pas dire qu'il faille négliger son éducation : corrigez tout de suite les mauvais comportements liés à l'ennui. Ainsi, si votre chien se met à mordiller les pieds de vos chaises ou à gratter votre canapé, un "Non" ferme ou un "Pas toucher" sont de rigueur.

METHODES PREVENTIVES POUR L'HABITUER A RESTER SEUL

- Habituez-le rapidement à de petites absences, dès les premiers jours. Sortez cinq minutes, puis 10, etc. S'il voit que vous revenez même lorsque les absences se prolongent, il sera rassuré. Ne sortez pas à des horaires fixes. Il ne doit pas pouvoir associer une heure à votre absence.
- Vous pouvez également travailler cet exercice chez vous. Laissez-le seul dans une pièce en veillant à bien refermer la porte derrière vous. Ouvrez dès que votre chien commence à se plaindre et à montrer son impatience. Puis, augmentez progressivement le temps d'attente jusqu'à ce qu'il soit à l'aise à l'idée de rester seul. Il est conseillé de laisser des jeux dans la pièce pour qu'il puisse se divertir s'il en ressent l'envie.
- En votre présence, votre toutou doit pouvoir vaquer à ses propres occupations et ne pas toujours se coller à vous. Envoyez-le souvent se reposer dans son panier lorsque vous êtes chez vous.
- Ignorez-le 15 minutes avant votre départ et 15 minutes après votre retour pour contribuer à en faire un non-évènement et ne pas créer de déception ou montée de stress ou d'excitation.
- De même, évitez de ritualiser vos départs. Le chien remarque que certains gestes sont généralement suivis d'une absence (ex. : prendre les clés, mettre vos chaussures). Il aura donc tendance à montrer des signes de stress à ces moments spécifiques. Veillez à changer l'association négative qu'il se fait de ces gestes : effectuez ces actions même lorsque vous ne comptez pas sortir de votre domicile.
- Laissez-lui de quoi s'amuser et se dépenser mentalement ! Les jeux de réflexion ou les jouets à mastiquer sont parfaits pour l'occuper pendant vos absences.

CONSEILS PRATIQUES

- Sortez-le environ une demi-heure avant votre départ pour qu'il n'ait pas d'envie pressante pendant votre absence.
- Soyez calme avant vos départs. Les chiens sont de véritables éponges émotionnelles ! En cas de stress de votre part, ils vont vite comprendre que quelque chose ne va pas.
- Si vous avez des voisins, n'hésitez pas à les prévenir que vous venez d'adopter un chien et qu'il pourrait faire un peu de bruit dans les premiers temps.
- Veillez à ne pas laisser d'objets dangereux (couteaux ou fils électriques apparents) ou en équilibre instable dans votre logement.
- Les bruits de fond peuvent être très rassurants pour certains toutous. Laissez votre radio ou votre TV allumée peut aider durant vos absences.

LES PIEGES A EVITER

De nombreuses erreurs sont le fruit de l'attachement des premiers temps, des bonnes intentions des maîtres et de leur manque de conviction pour tout ce qui est un peu plus difficile.

Pensez que vous le faites pour son bien et pour le vôtre.

Un chien qui n'a pas appris à supporter la solitude passera le temps de votre absence à hurler à la mort, irritant fortement vos voisins, ou à salir ou détruire votre domicile, ce qui peut être très éprouvant pour vous et nuire à votre relation avec lui.

- Ne tardez pas : lorsque le chiot arrive chez vous, il est adorable, et vous n'avez qu'une seule envie, passer du temps avec lui, jouer avec lui et le dorloter. Pour lui, c'est une période bénie qui l'aide à accepter la séparation avec sa mère. Si vous tardez à lui apprendre la solitude, imaginez un peu le traumatisme que sera pour lui votre reprise du travail !

- ⊗ Ne donnez pas d'importance à votre départ : si vous le câlinez, l'embrassez, lui parlez juste avant de partir, vous créez une émotion forte suivie d'une grande déception quand vous allez partir. Ces gestes montrent votre propre angoisse de le laisser et ne doutez pas une seule seconde que cette angoisse soit contagieuse. Si tendresse = stress, vous allez le perturber durablement ! Donc, ne soyez pas anxieux, ou du moins, ne cédez pas à vos émotions face à lui à ce moment.
- ⊗ Ne partez pas en cachette : c'est contre-productif, le chien se sent trompé et donc déçu.
- ⊗ Ne laissez pas de fenêtre ouverte : en règle générale, veillez à toujours faire attention à ce que votre domicile soit sécurisé.
- ⊗ Ne l'enfermez pas dans une pièce : c'est une solution de facilité à court terme aux effets très négatifs à plus long terme.
- ⊗ Ne le laissez pas s'ennuyer : investir dans des jouets pour l'occuper durant vos absences peut faire une énorme différence dans la gestion de la solitude.
- ⊗ Ne l'excitez pas avant vos départs : jouer au frisbee ou à la balle quelques minutes avant de vous éclipser sont des actes à bannir ! Cela ne fait qu'augmenter son taux d'adrénaline et risque de le pousser à faire des bêtises pour faire passer son énervement en votre absence.
- ⊗ Ne le punissez pas à votre retour en cas de bêtises : votre toutou ne comprendrait pas le motif. Les bêtises sont simplement le résultat de sa frustration non contrôlée et ne sont pas une manière de manifester son mécontentement vis-à-vis de vous.

Pour finir, il est important de rappeler qu'un maître s'absentant plus de 8h par jour ne va sûrement pas faire le bonheur de son ami canidé. Naturellement, toutes les races de chien ne sont pas égales face à la solitude : renseignez-vous au maximum sur le type de chien que vous comptez adopter et assurez-vous qu'il correspond à votre mode de vie.

Dans la mesure du possible, nous vous conseillons de faire appel à un promeneur canin pour permettre à votre toutou de se dépenser un peu le temps de vous retrouver à la maison.

SOCIABILISER SON CHIEN

La sociabilisation du chien fait partie intégrante de son éducation, certains diront même que c'est l'étape la plus importante dans son apprentissage. Réussir à sociabiliser son toutou vous garantira d'avoir un compagnon bien dans sa peau : le chien s'entend à merveille avec ceux qui l'entourent et a un rapport plus serein avec son environnement.

POURQUOI SOCIALISER SON CHIEN ?

Socialiser son chien, c'est chercher à l'exposer à une foule de situations différentes pour le rendre plus courageux et aussi plus sociable à l'égard des étrangers et des autres animaux. Pas question de grogner lorsque des invités se pointent à la porte ! Bien entendu, ça demande beaucoup d'efforts avant de porter ses fruits !

Si vous négligez cette étape, votre ami à quatre pattes risque de développer des troubles de comportement liés à la privation de contact : anxiété ou angoisse permanente, hyperattachement et méconnaissance des codes canins. Il est donc primordial de vous investir dans sa sociabilisation.

QUAND FAUT-IL COMMENCER A SOCIALISER UN CHIEN ?

Si vous attendez trop longtemps avant de vous lancer, votre cher compagnon à poils risque de développer quelques mauvais plis qui seront plus difficiles à effacer. Il est préconisé de sociabiliser votre chien dès qu'il a entre 1 et 3 mois : cela correspond à la période de vie où votre toutou est le plus curieux de découvrir son environnement. A partir du 3ème mois, le chien devient plus méfiant.

Naturellement, comme l'âge légal d'adoption est de 8 semaines, le rôle de l'éleveur sera déterminant dans le début de cet apprentissage. À vous de prendre le relais dès l'arrivée du chiot chez vous.

De nombreux professionnels préconisent de ne sortir le chiot qu'après qu'il ait fait tous ses vaccins, soit vers 3 mois. Pour éviter de retarder l'éducation de votre boule de poils, nous vous conseillons de commencer le travail de socialisation à la maison ou dans des lieux clos et sécurisés.

COMMENT FAIRE ?

Il y a plusieurs manières de travailler la socialisation. Ici, nous vous présenterons principalement des conseils préventifs qui sont ciblés sur le chiot. Si vous avez adopté un chien adulte, sachez qu'il n'est pas trop tard pour le socialiser. Cependant, il sera toujours plus compliqué de modifier le comportement d'un adulte qui aura eu plusieurs expériences, bonnes et mauvaises, derrière lui.

CHOIX DE L'ELEVAGE

Pour éviter de partir du mauvais pied, choisissez un éleveur éthique et professionnel qui aura veillé à apprendre les bases de la socialisation au chiot : les signaux d'apaisement, les postures de jeu et l'inhibition à la morsure.

SOCIALISER LE CHIEN A LA MAISON

Ne tardez pas à introduire votre chiot à des bruits, odeurs et individus variés dès son arrivée chez vous. Inutile d'aller bien loin pour débuter le travail de socialisation, votre domicile fera parfaitement l'affaire. Faites-en sorte qu'il rencontre tous types de personnes : invitez des amis chez vous et observez la réaction de votre chiot lors de ces nouvelles rencontres. Vous pouvez également prendre l'ascenseur avec votre toutou pour qu'il puisse croiser vos voisins.

De même, introduisez-le à différents bruits (ex. : aspirateur, sèche-cheveux, sonnette). Il existe même sur le marché des CD contenant des bruits spécifiques pour aider votre chien à s'habituer à de nouveaux sons (ex. : sirène de pompier, tonnerre).

SOCIALISER LE CHIEN EN EXTERIEUR

Dans la mesure du possible, amenez votre chiot en balade avec vous dans divers environnements : à la plage, à la campagne, en ville, à la montagne ou encore au bord d'une rivière. Faites-en sorte de le sortir également lors de différentes situations météorologiques (ex. : neige, pluie).

Le promener en ville va aider votre chiot à gérer les nombreux stimulus présents en milieu urbain : prenez les transports en commun avec lui ou faites une balade en voiture pour qu'il n'ait pas le mal de la route.

HABITUER LE CHIOT A SE FAIRE MANIPULER ET A ACCEPTER LES INCONNUS

Votre chien va passer entre les mains de plusieurs personnes au cours de sa vie (ex. : vétérinaires ou toiletteurs pour chien). De ce fait, il est important que votre chiot puisse être assez confiant à l'idée de se laisser manipuler par autrui. Attendez qu'il soit calme avant de palper certaines zones de son corps : museau, yeux, dents, coussinets, queue, etc. Bien évidemment, ne forcez jamais votre toutou à endurer vos manipulations ! Dès qu'il commence à se débattre, donnez-lui une friandise pour le rassurer. Sinon, recommencez plus tard quand il sera moins excité.

SOCIALISER LE CHIEN AVEC SES CONGENERES

Encouragez au maximum les rencontres avec les autres chiens pour pouvoir développer les codes canins de votre ami à quatre pattes :

- Profitez de la coopération de certains maîtres croisés lors de vos promenades quotidiennes pour faire du touche-museau avec d'autres toutous. Ces quelques minutes de rencontre vont permettre à votre chiot de comprendre un peu mieux le langage canin. Évidemment, si votre boule de poils est surexcitée, restez à bonne distance de l'autre chien et offrez-lui une friandise pour qu'il associe les rencontres canines à une émotion positive.
- Choisissez des chiens déjà sociabilisés ou des chiens adultes qui sont parfaitement équilibrés. Cela vous permet de maîtriser les rencontres et de garantir une bonne expérience à votre chiot.
- Si vous souhaitez trouver un compagnon de jeu pour votre toutou, réunissez toutes les chances de votre côté en choisissant des individus de la même taille, morphologie, race que votre chiot.
- Avec le temps, et lorsque votre ami à quatre pattes sera plus à l'aise avec ses congénères, n'hésitez pas à visiter régulièrement les parcs canins.

Pour ceux souhaitant faire cohabiter leur chien avec d'autres animaux, il est recommandé de les élever ensemble pour que votre ami canidé puisse s'habituer plus facilement à leur présence.

SOCIALISER LE CHIEN AVEC DES PERSONNES

Dès que vous en avez l'occasion, introduisez votre chiot à tout type de personnes de différents âges, morphologies, couleur de peau ou styles. Le but est que votre boule de poils ne présente aucune agressivité ou nervosité à l'encontre d'un certain type de personnes en particulier.

Conseil : lors des rencontres avec les enfants, veillez à bien surveiller leurs interactions. Enseignez également aux enfants à adopter les bons gestes et à ne pas blesser le chiot.

CONSEILS POUR BIEN REUSSIR LA SOCIALISATION

- L'introduction aux nouvelles rencontres et situations doit toujours se faire de manière progressive et positive pour ne pas traumatiser votre chien. Apprenez à lire son langage corporel pour comprendre ses réactions et pour anticiper tout débordement.
- Votre attitude est un facteur important : soyez toujours rassurant et sûr de vous. Ne le surprotégez surtout pas ! Si le chien n'est pas à l'aise, évitez de le caresser ou de le porter dans vos bras. Cela ne fera que valider son angoisse.
- Privilégiez la qualité et non la quantité : les expériences peuvent être de courtes durées, mais veillez à toujours être en total contrôle de la situation. Jusqu'à ses 3 mois, le chiot ne devrait pas connaître de mauvaises expériences. Choisissez donc minutieusement les personnes, les chiens et espèces que votre chiot est autorisé à rencontrer. Même chose pour les lieux.
- Aidez votre chien à assimiler les nouveautés à une émotion positive : donnez-lui une friandise après chaque nouvelle expérience.

LES PIEGES A EVITER

Certains comportements sont à bannir pour ne pas traumatiser votre chien :

- Lui crier dessus et le punir lorsqu'il se braque : votre toutou découvre de nouvelles choses et peut réagir d'une façon pas toujours plaisante. Soyez tolérant et compréhensif. Le gronder serait contre-productif.

- ⊗ Ne pas le superviser : certaines rencontres peuvent malheureusement dégénérer. Que ce soit avec ses congénères ou de nouvelles personnes, votre boule de poils ne devrait jamais avoir à affronter seule ces expériences.
- ⊗ Arrêter la socialisation de manière précoce : socialiser un chien se fait sur toute une vie. Ce n'est pas parce que votre chiot a plus de 3 mois qu'il faut arrêter de lui faire découvrir de nouvelles choses. La répétition est votre meilleur ami : continuez à socialiser votre toutou jusqu'à ce qu'il soit d'un calme à toute épreuve.

Si vous réussissez à maîtriser ces apprentissages, ce sera déjà un très bon départ !

APPRENDRE DES TOURS

APPRENDRE A JOUER A CACHE-CACHE

Beaucoup de personnes se compliquent la vie quand il s'agit de pratiquer des jeux avec leur chien. En effet, il n'est pas toujours nécessaire d'acheter des jouets pour chien interactifs ou compliqués. Parfois, une simple partie de cache-cache offre autant de détente et d'exercice à votre toutou qu'un objet ludique.

L'INTERET DE JOUER A CACHE-CACHE AVEC SON CHIEN

Si le jeu de cache-cache peut vous sembler puéril, sachez qu'il a de nombreux avantages pour votre chien. On peut par exemple citer les intérêts suivants :

- Il entraîne son odorat
- Il pousse le chien à retrouver son maître plus facilement
- Il réveille les instincts de chasseur de l'animal et le stimule donc beaucoup
- Il facilite le travail du rappel (le chien se souviendra de la récompense quand il trouve son maître)
- Il renforce les relations entre un chien et son groupe (sa famille)

Au final, le cache-cache reste une excellente opportunité de s'amuser avec son chien, tout en participant à son éducation. À vous de tester !

COMMENT JOUER A CACHE-CACHE AVEC SON CHIEN ?

Si l'exercice peut paraître compliqué de prime abord, il est en réalité assez facile de jouer à cache-cache avec un chien. Si l'idéal est de jouer à deux (en plus du chien), on vous propose également une méthode en solo :

JOUER SEUL AVEC SON CHIEN :

Cette méthode implique que votre toutou maîtrise la commande "Pas bouger" et le rappel. Pour réussir cette technique, il vous faudra des friandises et une bonne dose d'enthousiasme pour motiver votre boule de poils. Voici comment procéder :

1. Choisissez un lieu clos, calme et sécurisé pour débuter l'exercice. Le mieux est de travailler dans un environnement connu par le chien (ex. : votre domicile ou votre jardin).
2. Montrez la friandise à votre toutou et demandez-lui de ne pas bouger. Optez pour une gourmandise très alléchante pour le booster encore plus.
3. Que ce soit derrière un meuble, une porte ou dans une autre pièce, allez vous cacher à une distance proche de sa position. Évitons de trop compliquer l'exercice durant les premières étapes.
4. Après avoir trouvé votre cachette, appelez votre chien par son nom. Soyez le plus enjoué possible ! Félicitez-le et donnez-lui sa récompense dès qu'il vous trouve.
5. Recommencez l'exercice, toujours à courte distance, jusqu'à ce qu'il comprenne le but du jeu.
6. Lorsqu'il a saisi le concept, vous pourrez progressivement vous éloigner. Il arrive que le chien ait du mal à vous trouver sur une plus grande distance. N'hésitez pas à l'aider un peu : faites du bruit et appelez-le une ou deux fois pour le guider dans votre direction. À terme, il vous trouvera plus facilement.
7. La dernière étape implique de changer d'environnement pour un lieu plus animé, spacieux et plus challengeant (ex. : forêt, parc). **Attention** : évitez de lâcher votre toutou en public s'il n'est pas bien éduqué ou s'il maîtrise mal le rappel.

Inclure ses jouets préférés

Il est aussi possible de rendre le jeu plus sympa en lui demandant de retrouver un jouet en particulier. C'est d'ailleurs un excellent moyen de lui permettre de dépenser et d'entrainer ses compétences olfactives. Un prérequis est exigé pour cet exercice : la maîtrise du "Pas bouger".

1. Munissez-vous d'un jouet attrayant. Le mieux est de choisir le jouet préféré de votre compagnon. Il n'en sera que plus motivé !
2. Présentez l'objet au chien et laissez-le le sentir.
3. Distrayez-le avec le jouet puis demandez-lui de ne pas bouger.
4. Déposez le jouet dans une cachette pas trop éloignée de lui pour commencer, mais hors de sa vue (ex. : derrière un coussin, sous un plaid, dans une autre pièce).
5. Demandez à votre toutou d'aller chercher le jouet en question ("Va chercher + le nom de l'objet"). S'il peine un peu au départ, vous pourrez l'aider en l'encourageant un peu lorsqu'il se rapproche de la cachette. Récompensez-le avec une friandise dès qu'il trouve l'objet.
6. Continuez à cacher l'objet dans des lieux différents, mais évidents pour votre chien. Dès qu'il est plus à l'aise avec l'exercice, vous allez pouvoir compliquer la donne en dissimulant le jouet à des endroits plus éloignés.
7. La dernière étape implique d'essayer l'exercice avec d'autres objets.

JOUER A CACHE-CACHE A PLUSIEURS :

1. Un membre de la famille va maintenir le chien en place, pendant que l'autre part se cacher. L'idéal est de se cacher dans un endroit où vous n'êtes pas visible, par exemple derrière un canapé, sous le lit ou encore derrière une porte.
2. Une fois la première personne cachée, celle qui tient le chien peut le lâcher. Elle peut alors adresser un ordre, comme "Va chercher papa !", qu'elle changera pour chaque membre de la famille.
3. Si le chien ne trouve pas la personne cachée, cette dernière peut alors l'appeler. Elle réitérera cela toutes les cinq secondes, jusqu'à ce que le chien la retrouve. Cela permettra à votre toutou de ne pas se lasser durant le jeu. Une fois le chien dans la même pièce que la personne cachée, cette dernière doit cesser d'appeler. Si le chien éprouve des difficultés, la personne restée avec lui peut tenter de le guider vers la personne cachée.

4. Quand le chien gagne une partie de cache-cache (c'est-à-dire qu'il retrouve sa "cible"), la personne cachée doit le féliciter à l'aide de caresses ou d'une friandise.

Plus un chien jouera à cache-cache et meilleur il sera ! À terme, tous les membres de la famille pourront jouer en même temps, pour rendre la partie plus amusante encore.

CONSEILS SUPPLEMENTAIRES

Au départ, il sera préférable de jouer en intérieur, dans la maison. Votre toutou ne sera ainsi pas distrait par les bruits extérieurs et aura moins de mal à trouver les personnes cachées. Ce sera une condition importante pour que votre chien apprenne à jouer à cache-cache.

Par la suite, libre à vous de tenter le jeu dans des espaces plus grands, comme votre jardin, puis pourquoi pas un parc public. Au fur et à mesure, vous pourrez augmenter la distance de jeu pour corser un peu les choses.

Attention cependant : ne libérez jamais un chien sans laisse dans une zone non clôturée, ou en tout cas pas avant de lui avoir appris le rappel. Un chien trop jeune risquerait de se perdre ou de fuir s'il est laissé seul dans un espace trop vaste.

APPRENDRE SA DROITE ET SA GAUCHE

Maintenant que vous avez enseigné les commandes de base à votre toutou, vous vous sentez pousser des ailes. Que lui apprendre ensuite ? Si reconnaître sa gauche de sa droite ne vous semble pas très sexy au départ, vous allez vite changer d'avis ! Eh oui ! Plus qu'un tour, les commandes "Gauche" ou "Droite" sont très utiles dans sa vie de tous les jours.

POURQUOI APPRENDRE CE TOUR A SON CHIEN ?

L'apprentissage des ordres de direction est plus qu'appréciable lors de différents exercices et activités canines :

- Les parcours n'étant pas toujours bien droits, les commandes "Gauche" et "Droite" sont un must dans la pratique des sports tractés (ex. : Canicross).
- Les chiens maîtrisant les ordres de direction brillent dans les compétitions canines telles que l'agility.
- Efficace pour la sécurité de votre ami canidé, ces commandes vont vous permettre de le guider en cas de danger : vous allez pouvoir lui demander de marcher du bon côté de la route ou l'aider à éviter des obstacles.
- Pour impressionner la galerie ! Croyez-nous, ce tour fera son petit effet auprès de vos amis.

COMMENT APPRENDRE A SON CHIEN A RECONNAITRE SA GAUCHE DE SA DROITE ?

Il existe plusieurs méthodes pour enseigner les ordres "Gauche" et "Droite" à son chien. À vous de choisir celle qui convient le mieux à votre compagnon à quatre pattes. Comme pour bon nombre de tours, il est nécessaire de s'armer de friandises et de patience.

METHODE 1 - LAISSEZ LE TEMPS AU TEMPS

Cette méthode n'implique aucun accessoire. Le seul prérequis est d'avoir un chien capable de marcher parfaitement en laisse (ou sans). Profitez tout simplement d'une bonne balade avec votre toutou pour lui apprendre les ordres souhaités. N'oubliez pas de ramener vos gourmandises.

1. Choisissez un lieu sécurisé avec un parcours avec plusieurs changements de direction. Si possible, optez pour un circuit pas trop fréquenté afin de ne pas déconcentrer votre chien.
2. Il vaut mieux se concentrer sur une seule direction au début de l'exercice. Commençons par l'ordre "Gauche". Ainsi, à chaque fois que vous allez tourner dans cette direction, dites la commande et félicitez le chien après qu'il ait effectué son virage vers la gauche.
3. Effectuez au moins une fois par jour ce parcours sur deux semaines en veillant à bien prononcer la commande "Gauche" avant chaque tournant. Ne soyez pas avare sur les récompenses. Avec le temps, votre chien devrait associer l'ordre au mouvement et vous n'aurez plus besoin de lui donner de friandises.
4. Lorsqu'il maîtrise parfaitement l'ordre "Gauche", vous allez pouvoir lui apprendre à tourner à droite. Il suffit de reprendre les étapes précédentes, en changeant le nom de la commande par "Droite" cette fois-ci. Le mieux est de choisir un nouveau parcours pour bien accentuer la différence entre les deux ordres.
5. Dès que la commande "Droite" est bien acquise, il est temps d'alterner entre les deux ordres. L'apprentissage est réussi lorsque votre compagnon réagit parfaitement aux ordres donnés à des carrefours présentant plusieurs directions.

METHODE 2 - AIDEZ-VOUS D'UN ACCESSOIRE

Pour réussir les techniques de cette méthode, votre chien devrait, au préalable, maîtriser la marche au pied (avec ou sans laisse). Quelques accessoires sont requis :

- Une laisse pour les toutous ayant encore du mal à marcher au pied,
- Des gourmandises alléchantes,
- Un meuble de petite taille (ex. : table basse),
- Une longe pour les ordres à distance.

Voici les étapes à suivre pour apprendre la droite ou la gauche à son chien à l'aide d'un accessoire :

1. Commencez par choisir une pièce relativement spacieuse et calme pour effectuer l'exercice.
2. Placez votre meuble au beau milieu de la pièce. Faites-en sorte qu'il y ait assez de place autour du mobilier pour pouvoir tourner, sans rencontrer d'obstacle, à droite ou à gauche.
3. Positionnez-vous en face du meuble (à 2 mètres environ) avec une gourmandise dans la main. Puis, demandez à votre toutou de se mettre à vos pieds.
4. Présentez-lui la friandise au niveau de sa truffe et ordonnez-lui d'effectuer une marche au pied en vous dirigeant vers le meuble. Veillez à bien enfermer la récompense dans votre main pour que le chien ne la mange pas.
5. Avant d'effectuer un "virage" autour du meuble, tendez votre bras vers la direction choisie, mais toujours à hauteur de sa tête. Félicitez votre toutou et donnez-lui la friandise dès qu'il prend la direction souhaitée. Comme avec la précédente méthode, concentrez-vous seulement sur une commande à la fois. Focalisez-vous uniquement sur la droite par exemple.
6. À ce stade, ne dites aucun ordre. Contentez-vous de refaire ces enchaînements plusieurs fois jusqu'à ce qu'il le fasse instinctivement.
7. Au fur et à mesure de l'exercice, vous allez pouvoir éloigner la friandise de la tête de votre chien et limiter les gourmandises. Si vous prenez votre temps, votre compagnon devrait effectuer le mouvement à la simple vue de votre main tendue dans la direction choisie. Ce n'est qu'après cette étape que vous allez pouvoir lui apprendre l'autre direction.

8. Lorsqu'il réagira parfaitement aux deux bras tendus dans les deux directions opposées, il sera temps de retirer le meuble et d'introduire les commandes "Gauche" et "Droite".
9. Baladez-vous autour de la pièce en alternant entre un bras tendu vers la gauche et un bras tendu vers la droite. Accompagnez chaque mouvement d'une commande.
10. Continuez à travailler l'exercice en vous reposant plus sur les commandes données que sur le mouvement de votre bras. À terme, votre toutou ne devrait même plus suivre votre bras, mais écouter l'ordre donné en se calquant sur le mouvement de vos jambes et de vos épaules.
11. La dernière étape a pour but de compliquer l'exercice : aidez-vous d'une longe pour entraîner votre chien à répondre aux commandes sur une plus grande distance. Encore mieux, effectuez l'exercice dans un lieu plus animé.

METHODE 3 - FAITES-LE TOURNER !

Cette méthode implique que votre chien maîtrise déjà la commande "Debout". Dans le cas contraire, vous allez devoir faire en sorte à bien maintenir votre friandise au niveau de sa gueule pour ne pas inciter le chien à s'asseoir ou à se coucher.

Notre premier objectif est d'apprendre à notre toutou à tourner sur lui-même :

1. Demandez à votre chien de se mettre en position debout.
2. Placez une friandise au niveau de sa truffe et effectuez un cercle de son museau jusqu'à sa queue et en revenant au point de départ. Le mouvement doit être lent pour que le chien tourne naturellement sur lui-même. Récompensez-le dès qu'il vous fait un beau tour complet.
3. Répétez quatre ou cinq fois l'exercice en veillant à faire des pauses entre chaque tour. Allez-y en douceur pour ne pas lui donner le tournis !
4. Alternez entre les deux sens pour que le chien soit habitué à tourner dans les deux directions.

5. Dès qu'il est à l'aise avec ce mouvement, refaites l'exercice en introduisant la commande "Tourne" lorsqu'il finit de faire son tour.
6. Retirez peu à peu la friandise jusqu'à ce que votre chien n'en ait plus besoin pour exécuter ce tour.

Lorsqu'il sait tourner sur lui-même, l'apprentissage des ordres "Tourne à droite" et "Tourne à gauche" peut débuter. Munissez-vous d'un accessoire tel qu'un plot de chantier ou un autre obstacle de la même taille.

1. Placez une gourmandise au niveau de la truffe de votre compagnon.
2. Introduisez l'ordre "Tourne + direction" (ex. : "Tourne à droite") en guidant le chien vers la direction souhaitée. Félicitez-le dès qu'il s'exécute.
3. Refaites l'exercice plusieurs fois des deux côtés.
4. Avec le temps, retirez progressivement les friandises et guidez votre chien uniquement avec le mouvement de votre main. N'oubliez pas de le récompenser à chaque bonne action.
5. Déposez votre plot au milieu de la pièce. À l'aide du mouvement de votre main, faites en sorte de faire tourner votre toutou autour de l'accessoire tout en prononçant la commande "Tourne + direction". L'objectif est de le faire tourner dans une direction sans qu'il n'ait à faire un grand cercle sur lui-même.

CONSEILS

- Prenez votre temps ! Chaque méthode implique un investissement de plusieurs jours, voire plusieurs semaines. Inutile de presser votre toutou, car vous ne ferez que l'angoisser. Respectez son rythme d'apprentissage.
- Évitez de passer plusieurs heures par jour à effectuer les exercices. Faites deux ou trois séances de 10 minutes au quotidien.

APPRENDRE A RAPPORTER

Apprendre à son chien à rapporter est l'une des techniques d'éducation les plus basiques. Pratique et ludique, cette commande peut être utilisée au quotidien pour renforcer l'obéissance de son toutou. Qui n'a jamais rêvé de voir son chien courir après un jouet après lui avoir sorti la commande "Va chercher" ? Ne rêvez plus ! Ce tour classique est simple à enseigner, mais nécessite de la patience et de l'énergie de votre part.

PREPARATION ET PREREQUIS

Pour faciliter l'apprentissage de cette commande, votre chien devra déjà maîtriser certaines bases : répondre à son nom, le rappel, les ordres statiques "Assis" et "Pas bouger". La connaissance de ces commandes ne pourra qu'accélérer son entraînement.

Sachez également que chaque toutou est unique. Certaines races de chien vont instinctivement rapporter l'objet sans que vous ayez à leur demander quoi que ce soit. C'est le cas des chiens rapporteurs comme le Golden Retriever ou le Labrador. D'autres races à l'instinct de prédation plus élevé seront motivées à aller chercher l'objet, mais auront du mal à revenir vers vous pour le rendre. Il est donc inutile de comparer le rythme de votre compagnon à celui d'un autre. Soyez patient et faites confiance à votre ami canidé !

Pour apprendre à son chien à rapporter, vous aurez besoin de deux outils :

- Un jouet attrayant : optez pour un jouet suffisamment large et « flashy », pour qu'il soit plus facile à retrouver pour votre chien. Testez-en plusieurs pour observer lequel convient le mieux pour l'exercice. On évitera absolument les balles de tennis ou les jouets qui ne sont pas faits pour les chiens (notamment les objets durs). Ils risquent d'abîmer les dents de votre toutou ou d'entraîner des problèmes d'estomac.
- Des friandises pour le motiver.

COMMENT APPRENDRE A SON CHIEN A RAPPORTER ?

Pour apprendre à ramener à son chien, il va falloir suivre attentivement ces étapes :

ÉTAPE 1 : CHOISIR LE LIEU IDEAL

Comme pour toutes les autres techniques d'éducation, il vous faut débuter l'exercice dans un endroit calme. En effet, s'il est entouré d'inconnus ou de bruits, votre chien aura du mal à apprendre à rapporter.

Préférez donc commencer dans un lieu calme et connu, comme votre jardin par exemple, ou encore un parc à proximité de chez vous.

Si votre chiot est jeune, privilégiez les endroits clôturés, pour éviter qu'il ne s'échappe.

Astuce pour les chiens les plus récalcitrants : si votre chien n'est pas du genre à revenir instinctivement vers vous lorsque vous lui lancez un objet, privilégiez un couloir pour débuter l'apprentissage de cette commande. Il sera plus facile pour vous de l'appeler à vos pieds.

ÉTAPE 2 : APPRENDRE A RAMENER

Il vous faut d'abord définir un ordre, c'est à dire une phrase à prononcer pour que votre chien rapporte. Peu importe si vous utilisez le classique "Va chercher !" ou le "Rapporte". L'essentiel est de rester cohérent en gardant la même commande tout au long de sa vie. Pour plus d'efficacité, vous allez associer cet ordre à un geste. Vous pouvez par exemple mimer le lancer d'un objet.

1. Après avoir défini un ordre (ex. : "Va chercher !"), lancez votre jouet tout en prononçant la commande "Va chercher". Commencez par lancer l'objet sur une

courte distance. Si votre chien ne réagit pas, allez vous-même chercher l'objet, retournez calmement à votre position initiale et répétez le geste. S'il ne bouge toujours pas, rendez le jouet plus attrayant en jouant avec ou en choisissant un objet plus excitant pour lui.

2. Quand votre chien a récupéré l'objet, restez à votre place et attendez qu'il le rapporte.
    - **Si votre toutou revient naturellement vers vous** : félicitez-le dès qu'il rapporte l'objet en lui offrant une friandise. Évitez de le récompenser s'il lâche le jouet en cours de route. Ne lui donnez la friandise que s'il s'approche de vous avec le jouet dans la gueule.
    - **Si votre toutou ne revient pas après avoir récupéré le jouet** : s'il maîtrise le rappel, appelez-le simplement par son nom et demandez-lui de revenir à vos pieds. Sinon, vous pouvez travailler avec une laisse ou une longe et l'attirer doucement vers vous avec des encouragements. Félicitez-le et offrez-lui la gourmandise dès qu'il arrive à vos côtés.
3. Répétez l'exercice en augmentant progressivement la distance. Ne passez à l'étape suivante que lorsque le chien a bien assimilé l'enchaînement (chercher l'objet et revenir vers vous) en associant la commande au geste.

ÉTAPE 3 : APPRENDRE A DONNER

L'une des étapes les plus délicates sera naturellement d'apprendre à lâcher. Pour les chiens, il est naturel de vouloir garder leurs jouets en bouche. Il va donc falloir aller à l'encontre de ce comportement. Pour apprendre à donner, comme avec l'étape précédente, choisissez un ordre et un geste : vous pouvez par exemple dire "Donne !" en tendant la paume de la main.

1. Lorsque votre chien revient vers vous après avoir récupéré le jouet, tendez votre main en prononçant la commande "Donne". Certains toutous vont comprendre instinctivement et vont déposer l'objet dans votre main. Félicitez-les en leur donnant

une friandise. Pour les autres chiens, dites "Donne" et montrez-leur la gourmandise pour qu'ils lâchent ce qu'ils ont dans la gueule.

2. Recommencez l'exercice autant de fois que possible et n'hésitez pas à enchaîner entre le "Va chercher" et le "Donne".

Cette technique de renforcement positif le poussera peu à peu à vous donner la balle sur commande, sans que vous n'ayez à insister. Naturellement, cela nécessitera un peu de patience au départ, tout comme les autres ordres à apprendre, pour que votre chien ait une éducation irréprochable.

ÉTAPE 4 : PASSEZ A LA VITESSE SUPERIEURE

Une fois que votre chien rapporte le jouet sur commande dans votre couloir ou dans votre jardin, vous pouvez passer à un environnement plus bruyant. Essayez par exemple de l'entraîner dans un parc ou dans une forêt.

Attention cependant : évitez de laisser votre chien sans laisse dans un lieu public si vous ne lui avez pas appris en premier lieu le rappel. Si vous n'êtes pas serein, travaillez avec une longe.

Profitez de l'apprentissage de cette commande pour renforcer l'obéissance de votre toutou : demandez-lui de ne "Pas bouger" avant de lancer l'objet. Cela vous permettra d'exercer son auto-contrôle.

Une fois la technique parfaitement maîtrisée, jouer à la balle avec votre chien deviendra un vrai plaisir, en toute circonstance.

ERREURS A NE PAS COMMETTRE

⊗ Évitez de lancer l'objet sur une trop grande distance au début de son apprentissage.

- ⊗ Si votre toutou a du mal à revenir, ne lui courez surtout pas après ! Il va associer cela à un jeu et s'éloignera avec le jouet au lieu de venir à vos pieds.
- ⊗ Lors de l'apprentissage du "Donne" : la pire des choses à faire serait d'entrer dans un affrontement physique avec votre chien en le forçant à lâcher l'objet. Évitez absolument de jouer à qui tirera le plus fort, car cela risque d'inciter votre chien à garder sa prise plus longtemps.

APPRENDRE LA REVERENCE

Qui a dit que seuls les humains étaient polis ? Les chiens aussi le sont. La preuve ? Ils savent faire la révérence ! En tout cas, ils savent la faire si leur maître sait comment enseigner des tours à un chien. Vous aimeriez vous aussi apprendre ce tour amusant à votre toutou ? Découvrez nos méthodes simplifiées pour réussir cet exercice !

UN MOUVEMENT NATUREL

Chez les humains, la révérence est un mouvement de salut. Pour le chien, le mouvement de révérence est en réalité un appel au jeu. La posture de révérence pour le chien est lorsqu'il pose ses deux pattes avant au sol et lève son postérieur.

Pour peu que votre chiot soit joueur, il est possible que vous l'ayez déjà vu faire la révérence. Mais grâce à un peu de patience, vous pourriez le pousser à faire la révérence sur commande. Voyons ensemble comment procéder.

COMMENT APPRENDRE LA REVERENCE A SON CHIEN ?

Si le mouvement de la révérence chez le chien vous intéresse, il va falloir le travailler. Comme toutes les méthodes, l'apprentissage de la révérence nécessite de la patience et du travail. Nous allons vous présenter 3 techniques différentes pour y arriver.

> **Bon à savoir** : on évitera d'apprendre la révérence à un chiot de moins d'un an, car cela pourrait engendrer des problèmes de croissance. Cette posture impose une tension importante sur la région lombaire.

METHODE NATURELLE

C'est sans doute la méthode la plus simple, mais également la plus lente pour réussir ce tour. Profitez des moments où votre chien fait naturellement la révérence pour introduire la commande de votre choix (ex. : "Salut"). Pensez à le féliciter et à lui donner une friandise à chaque fois qu'il s'exécute.

Bien sûr, il faudra attendre plusieurs semaines pour que le chien puisse parfaitement assimiler l'ordre à la posture de la révérence.

METHODE EN POSITION DEBOUT

Pour réussir cette technique, votre toutou doit connaître l'ordre statique "Debout". Gardez quelques friandises à portée de main.

1. Positionnez-vous face à votre chien et demandez-lui de se mettre debout.
2. Présentez-lui une friandise sous son nez et baissez-vous lentement en veillant à déplacer la gourmandise de son museau à sa poitrine avant qu'il n'atteigne le sol.
3. Si le mouvement est bien effectué, ses coudes vont naturellement se baisser pour venir se poser au sol tout en gardant son postérieur relevé. Donnez-lui la friandise dès que ses coudes se trouvent à terre.

   Si besoin, décomposez l'exercice en félicitant le chien progressivement jusqu'à ce qu'il parvienne à effectuer la posture souhaitée.

   Attention à bien anticiper ses mouvements : demandez-lui tout de suite de se remettre debout si vous sentez qu'il va se coucher.

4. Répétez plusieurs fois le mouvement jusqu'à ce qu'il comprenne le but de l'exercice.
5. Dès qu'il a saisi le concept, introduisez l'ordre "Salut" tout en essayant de garder le chien le plus longtemps possible dans la posture de la révérence.
6. Refaites plusieurs séances par jour afin de renforcer cette nouvelle commande.

Pour cet exercice, vous allez vous équiper de quelques friandises.

1. Pour commencer, asseyez-vous directement sur le sol.
2. Prenez une friandise en main, de manière à attirer l'attention de votre toutou.
3. Puis, tendez l'une de vos jambes et placez votre main portant la friandise sous la jambe tendue. En essayant d'attraper la gourmandise, il y a des chances qu'il se place naturellement en position de révérence. Prononcez l'ordre "Salut" et donnez-lui sa récompense tout en le félicitant.

   Si votre chien essaie de se coucher, passez votre seconde main sous son ventre, de manière à garder son postérieur relevé. Félicitez-le quand il est à nouveau debout sur ses pattes et donnez-lui la friandise.

4. Répétez l'exercice jusqu'à ce que votre chien n'essaie plus de se coucher et garde la posture de révérence.
5. À terme, votre chien devrait faire le salut naturellement lorsqu'il essaie d'attraper la friandise sous votre jambe. Relevez progressivement votre jambe tendue jusqu'à ce qu'elle ne représente plus un obstacle pour le chien. Pensez toujours à répéter votre ordre et à féliciter le chien lorsqu'il est dans la position souhaitée.
6. La dernière étape consiste à ne plus utiliser votre jambe comme obstacle pour que votre compagnon se mette en position de révérence. À ce stade, votre chien devrait réagir en prononçant tout simplement la commande "Salut". Si ce n'est pas le cas, c'est que vous êtes allés trop vite. Reprenez les étapes précédentes.

Pour que l'ordre soit parfaitement intégré, vous allez devoir répéter cet exercice de nombreuses fois. Inutile d'ennuyer votre chien pendant des heures ! Pratiquez cet exercice une vingtaine de minutes par jour au maximum et attendez de voir les résultats.

L'avantage principal de cette méthode est qu'elle peut être faite à la maison sans problème.

Une fois que votre chien a bien assimilé l'ordre, arrêtez de lui donner des friandises, mais continuez de le féliciter et de le cajoler à chaque fois qu'il vous obéit.

APPRENDRE A DIRE « BONJOUR »

Les chiens ont besoin d'apprendre tout au long de leur vie, pour rester vifs et être au top de leurs capacités. Dire "Bonjour" et "Au revoir" est un tour classique qui plaît bien. Ça paraît compliqué dit comme ça, mais rassurez-vous, il n'y a rien de plus simple. Vous aurez tout simplement besoin de deux outils : des friandises et une bonne dose de patience !

LES PREREQUIS

Eh non, au risque de vous décevoir, votre toutou n'apprendra pas à parler pour vous saluer. L'objectif est de lui enseigner à lever la patte et à l'agiter à chaque fois qu'il entendra les commandes "Dis bonjour" ou "Dis au revoir". Admettez que ça reste tout aussi impressionnant ! Chez nos chiens, la patte peut être un excellent moyen de communication. Pour faciliter l'exercice, votre chien doit déjà maîtriser la commande "Donne la patte" : il doit savoir vous tendre la patte et la mettre dans votre main ouverte.

COMMENT APPRENDRE A SON CHIEN A DIRE "BONJOUR" ET "AU REVOIR"

Voici les étapes à accomplir pour réussir l'exercice :

1. Il est important d'avoir avec soi les bons outils : les friandises sont très efficaces pour motiver votre toutou. N'oubliez pas que le renforcement positif et la douceur vous seront d'une plus grande utilité que la violence.
2. Puis, demandez à votre chien de s'asseoir et installez-vous face à lui. Dès que c'est fait, approchez votre main près de lui et ordonnez-lui de "Donner la patte".
3. Comme il voudra mettre sa patte dans votre main, retirez-la au plus vite avant qu'il ne l'atteigne et secouez-la comme pour le saluer. En même temps, prononcez la

commande que vous souhaitez en débutant par le mot "Patte". Ce mot sert ici d'intermédiaire entre la commande "Donne la patte" et les nouveaux mots qu'il va apprendre. Ex : "Patte, dis bonjour", "Patte, salue", "Patte, au revoir". Votre chien se retrouvera alors à taper dans le vide.

4. Répétez plusieurs fois l'action jusqu'à ce qu'il comprenne le but de l'exercice. N'oubliez pas de le récompenser d'une friandise à chaque fois qu'il exécute correctement le geste.
5. Maintenant, il faut poursuivre l'apprentissage en raccourcissant la commande : dites tout simplement "Dis bonjour" ou "Salue" sans avoir à prononcer le mot "Patte". Si les précédentes étapes ont bien été acquises, votre compagnon devrait lever la patte instinctivement en l'agitant.

PROBLEMES FREQUENTS

Selon le chien, cet exercice peut être plus ou moins facile. Si votre boule de poils a du mal à comprendre vos demandes, c'est que vous êtes allés trop vite. Le mieux est de décomposer les étapes en petits gestes pour faciliter sa compréhension.

Après avoir ordonné à votre toutou de "Donner la patte", ne retirez pas votre main trop loin de lui et ne la secouez pas tout de suite. Augmentez progressivement la distance jusqu'à ce qu'il comprenne que la nouvelle commande a pour but de le laisser taper dans le vide. Ce n'est qu'après que vous allez pouvoir secouer la main.

Pour réussir, il vous faudra respecter son rythme et le récompenser à chaque petite évolution.

Bon à savoir : n'oubliez pas qu'une étape doit être bien comprise pour passer à la suivante et qu'il ne faut alors plus revenir en arrière. On ne revient en arrière que lorsqu'une étape n'est clairement pas comprise.

- Pour enseigner un nouveau tour à un chien, il faut profiter de moments de concentration. Un moment d'excitation dans le jeu ne sera pas efficace, par exemple.
- N'hésitez pas à faire une petite pause entre deux étapes, lorsque vous sentez que votre chien commence à perdre son attention.
- Pensez à veiller à ce qu'il ne développe pas uniquement la dextérité d'une patte. N'hésitez pas à le pousser à utiliser la seconde.

APPRENDRE LE « TOUCHE »

Facile et utile, voilà un tour que vous ne regretterez pas d'avoir enseigné à votre chien ! Le "Touche" n'a l'air de rien, mais c'est le point de départ indispensable pour de nombreux autres tours. En plus, c'est une nouvelle occasion de développer votre complicité avec votre chien. Bref, voici la recette pour enseigner le "Touche" à votre chien !

POURQUOI ENSEIGNER LE "TOUCHE" ?

La plupart des chiens adorent apprendre de nouvelles compétences au fil de leur vie. Pour eux, c'est un moyen de :

- Mieux comprendre le monde des humains
- Mieux communiquer avec leur maître
- Continuer à développer leur intelligence

Le "Touche" présente plusieurs avantages. D'abord, c'est un tour facile à enseigner, il est donc valorisant pour votre chien et pour vous aussi. Si vous êtes un jeune maître débutant, vous avez tout comme lui besoin de prendre confiance en vous et ce tour devrait vous aider.

Ensuite, c'est un tour qui peut vous permettre d'aider votre chien à se dépasser. En le poussant à toucher votre main ou des objets dans des circonstances où il n'est pas à l'aise, vous l'aidez à prendre confiance en lui et vous le rassurez. Si vous avez l'intention de faire une activité sportive avec votre chien, ce sera un outil utile pour l'aider à se dépasser.

Enfin, ce tour est la base nécessaire pour en apprendre plein d'autres après.

COMMENT ENSEIGNER LE "TOUCHE" ?

Nous allons vous présenter deux méthodes efficaces pour apprendre à votre toutou la commande "Touche". À vous de choisir celle qui lui convient.

METHODE AVEC LA MAIN

Pour cette méthode, il vous faudra des croquettes ou des friandises pour récompenser votre chien. Il est préférable, comme souvent, de commencer à enseigner la commande dans un endroit calme et d'attendre qu'elle soit bien comprise avant de passer à un endroit plus agité.

1. Positionnez-vous debout face à votre chien assis et attirez son attention sur le fait que vous avez une récompense dans la main. Placez la friandise entre les deux doigts de votre main ouverte, la paume face au regard du chien.
2. Autorisez votre chien à venir chercher la gourmandise et lorsqu'il la prend, dites "Oui".
3. Après une dizaine de fois, placez devant lui votre main sans friandise. S'il vient la toucher, dites "Oui" et récompensez-le avec la gourmandise placée dans votre seconde main. Là encore, attendez d'avoir fait l'exercice une dizaine de fois pour considérer qu'il est acquis.
4. Lorsque vous constatez que votre chien vient systématiquement taper votre main avec sa truffe lorsque vous la placez devant lui, c'est bon, vous pouvez passer à l'étape suivante !
5. À partir de là, vous pouvez lui faire faire l'exercice 5 minutes par jour pendant une semaine en augmentant la distance entre votre main et sa truffe. Introduisez alors l'ordre "Touche" lorsque vous lui présentez votre main.
6. Espacez peu à peu l'utilisation des friandises pour finir par complètement les supprimer lorsque le chien aura assimilé l'ordre au geste.

METHODE AVEC LES POST-ITS

L'apprentissage du "Touche" peut également se faire à l'aide de post-its colorés. Cette méthode vous permet de cibler tous types d'objet et de surface. Comme avec la première technique, placez-vous dans une pièce calme, sans distraction. N'oubliez pas de garder des friandises sous la main.

1. Placez un post-it sur une zone de votre corps, de préférence la paume de la main, pour débuter en douceur. Récompensez votre toutou dès qu'il touche le feuillet. Si votre compagnon a du mal à comprendre l'exercice, décomposez les étapes au maximum : félicitez-le lorsqu'il regarde le post-it, puis lorsqu'il s'en approche et pour finir récompensez-le uniquement lorsqu'il le touche.
2. Répétez l'exercice une dizaine de fois jusqu'à ce qu'il en comprenne le but.
3. Déplacez ensuite progressivement le post-it sur d'autres surfaces (sol, mur, porte, objet) tout en introduisant la commande "Touche".
4. Lorsque le chien associe parfaitement le geste à la commande, vous allez pouvoir réduire la taille du post-it en le déchirant peu à peu pour finir par ne plus en utiliser du tout. N'oubliez pas de le récompenser avec des friandises et des encouragements !
5. Si vous avez investi le temps nécessaire à chaque étape, le chien devrait pouvoir réagir à l'ordre "Touche" sans l'aide des feuillets.

UTILISATION DU "TOUCHE"

Maintenant que votre chien a compris le principe, à vous de lui trouver des défis ludiques qui vous amusent tous les deux et développent à la fois sa compréhension et son agilité. N'hésitez pas à mettre des obstacles (pas trop difficiles !) sur son chemin pour lui faire travailler un peu son agilité. Lorsqu'il parvient à dépasser une limite pour toucher votre main, il faut le féliciter avec de fortes caresses et des mots doux pour l'encourager.

Vous pouvez également utiliser la commande "Touche" pour des tours impressionnants comme fermer les portes ou éteindre et allumer la lumière !

APPRENDRE A FAIRE UN BISOU

Apprendre de nouveaux tours à votre chien permet de le stimuler. Plus un chien apprend, plus il booste son intelligence. Et pour lui, ces activités stimulantes sont à la fois un jeu et un défi. Si vous êtes à la recherche de nouveaux tours après lui avoir enseigné les ordres basiques, la commande "Fais un bisou" est faite pour vous ! Simple et affectueux, l'apprentissage du "bisou" ne nécessite que trois ingrédients : une bonne dose de patience, des récompenses et un maître disposé à se faire lécher le visage par son toutou !

COMMENT APPRENDRE AU CHIEN A FAIRE UN BISOU ?

L'objectif de l'exercice est d'enseigner au chien à mettre sa truffe au contact de votre joue ou à la lécher. Trois méthodes existent pour réussir l'exercice. À vous de choisir celle qui vous semble la plus adaptée à votre situation.

METHODE 1 - MARQUEZ LE COMPORTEMENT

Si votre compagnon à quatre pattes est d'un naturel affectueux, cette méthode est vivement recommandée même si elle prend du temps. Certains chiens, très doux envers leur maître, ont tendance à poser leur truffe sur leur visage lorsqu'ils veulent montrer leur affection. Profitez de ce tempérament tendre pour lui enseigner la commande :

Étape 1 - Dès que votre chien se rapproche de votre visage pour le lécher, prononcez l'ordre "Fais un bisou" ou "Bisou" et donnez-lui une friandise. L'objectif est qu'il associe la récompense au geste. Naturellement, il faudra renouveler l'expérience un certain nombre de fois avant qu'il puisse assimiler ce nouveau tour. Si vous travaillez avec le clicker, marquez le comportement en cliquant à chaque fois qu'il accomplit l'action souhaitée.

Étape 2 - A partir d'un certain temps (comptez plusieurs jours), vous pouvez commencer à dire le "Fais un bisou" à votre chien. S'il réagit et vient vers vous poser sa truffe sur votre joue, il faut alors le récompenser avec une friandise, des caresses et des paroles encourageantes. Le chien comprend alors qu'il a eu le bon comportement et sera amené à le reproduire. Cette étape aussi doit être répétée un certain nombre de fois, avec vous uniquement dans un premier temps et dans une pièce sans distraction.

Étape 3 - Si vous considérez que votre chien a bien compris le concept, vous pouvez retirer la friandise, mais pas les caresses et les encouragements qui ont une très grande valeur aux yeux de votre chien.

Étape 4 - Passez au niveau au-dessus en travaillant dans des lieux plus animés ou en lui proposant d'en faire à votre entourage, en commençant par les personnes qu'il connaît le mieux. Idéalement, des membres de votre foyer. Il va de soi que si votre chien éprouve une quelconque réticence à faire un bisou à une personne, il vaut mieux ne pas insister. Peut-être ne la connaît-il pas suffisamment. Attendez un peu qu'il ait pris ses repères avant de recommencer en proposant une friandise plus appétante.

METHODE 2 - UTILISEZ DES POST-ITS

Cette méthode implique que votre chien maîtrise la commande "Toucher". Munissez-vous de friandises et d'un post-it coloré de grande taille.

1. Commencez par coller le post-it sur votre main et demandez à votre chien de le toucher. Récompensez-le dès qu'il s'exécute. Répétez plusieurs fois l'exercice en déplaçant le post-it sur d'autres zones de votre corps (ex. : bras, épaule, poitrine).
2. Maintenant que votre toutou a compris que le but du jeu consistait à toucher le post-it, il est temps de le coller sur votre joue. Refaites l'exercice plusieurs fois sans dire la commande "toucher". Normalement, votre chien devrait s'approcher naturellement de la cible grâce aux nombreuses répétitions.

3. La prochaine étape implique de réduire progressivement la taille du post-it en le déchirant jusqu'à ce qu'il ne reste plus rien. Voilà pourquoi il est important d'utiliser un feuillet d'assez grande taille pour débuter. Prenez votre temps : ne brusquez pas votre compagnon qui, jusqu'ici, se concentre sur la présence du feuillet auto-adhésif. Selon le chien, l'exercice peut se prolonger sur plusieurs jours.
4. Attendez d'avoir déchiré une bonne partie du post-it (plus de la moitié) pour introduire la commande. Dès que le chien touche le feuillet, dites "Fais un bisou" ou "Bisou" en le récompensant. Répétez plusieurs fois l'exercice.
5. Si vous estimez que votre compagnon a bien assimilé le geste à la commande, vous allez pouvoir retirer le reste du post-it. Votre chien devrait instinctivement poser sa truffe sur votre joue en entendant l'ordre "Fais un bisou". Dans le cas contraire, revenez à l'étape précédente.
6. La dernière étape consiste à corser le jeu en lui demandant d'exécuter ce tour dans des endroits plus agités ou avec d'autres personnes.

METHODE 3 - LES FRIANDISES SONT NOS AMIS !

Si vous n'êtes pas à l'aise avec l'idée de vous faire lécher le visage par votre chien, cette méthode n'est pas faite pour vous. Elle a toutefois le mérite d'être plus rapide que les autres. Les outils : des friandises collantes (beurre de cacahuète, fromage).

1. Étalez la friandise de votre choix sur votre joue. Plus c'est collant, mieux c'est.
2. Prononcez la commande "Fais un bisou" et approchez-vous de votre chien. Il ne devrait pas se faire prier pour vous léchouiller.
3. Recommencez l'opération plusieurs fois en veillant à réduire progressivement la quantité de friandises. Faites deux à trois séances par jour pendant une semaine.
4. Maintenant qu'il a compris le concept, arrêtez d'étaler sa récompense sur votre visage pour la remplacer par une friandise moins collante. Gardez-la dans votre main. Demandez à votre chien de vous faire un bisou. S'il se dirige naturellement vers votre

joue, c'est bon, votre compagnon a assimilé la commande. Récompensez-le. Dans le cas contraire, reprenez l'étape précédente.

Pour les plus téméraires, une autre méthode peut être utilisée avec les friandises :

1. Accroupissez-vous face à votre chien et placez une friandise entre vos lèvres. Elle devrait être assez longue pour permettre à votre toutou de la prendre sans vous toucher. C'est d'ailleurs recommandé, au départ, pour les sujets un peu trop brusques.
2. Pointez la récompense et approchez-vous de votre compagnon. Il se peut qu'il hésite au début, mais patientez quelques secondes le temps qu'il s'exécute. Répétez l'exercice en continuant à pointer la récompense entre vos lèvres. Le chien va vite associer le geste à l'action.
3. Maintenant qu'il sait ce qu'il faut faire, réduisez la taille des friandises jusqu'à ce que le chien touche vos lèvres. Continuez à utiliser le geste.
4. Avec le temps, vous allez pouvoir espacer les friandises jusqu'à ne plus en donner du tout. Bien sûr, les caresses et les récompenses sont toujours encouragées.
5. Enfin, introduisez la commande "Fais un bisou" en l'accompagnant du même mouvement. Il ne vous reste plus qu'à refaire plusieurs fois l'exercice pour que le chien puisse bien assimiler la commande.

QUELQUES CONSEILS POUR AIDER VOTRE CHIEN

- Votre chien n'a peut-être pas fait le lien entre le bisou et la friandise. Attendez qu'il ait faim pour provoquer cette situation. Un chien au ventre vide est toujours plus attentif et motivé pour apprendre de nouveaux tours qu'un chien bien repu !
- Évitez d'aller trop vite ! Pour ne pas frustrer votre toutou, prenez le temps de travailler chaque étape lentement.

APPRENDRE LE « ROULE »

Allez hop, un peu de gym et un nouveau tour à apprendre ! Voilà un tour deux en un qui devrait vous donner l'occasion de bien vous amuser votre chien et vous : le "Roule". Alors bien sûr, il ne fait pas partie des tours essentiels à l'éducation de base du chien, mais en même temps, ce qui est avant tout essentiel pour le chien, c'est d'apprendre et de passer du temps avec vous ! Voici comment vous y prendre pour lui enseigner ce tour.

COMMENT APPRENDRE A SON CHIEN A ROULER ?

Comme bien souvent, il y a plusieurs possibilités pour enseigner un nouveau tour à votre chien. Le plus important est de lui faire comprendre ce que vous attendez de lui de manière cohérente et positive. N'oubliez pas, quand on commence avec une méthode, on ne change pas en route !

Pour faciliter l'apprentissage de ce tour, il faut que votre chien maîtrise déjà le "Couché", puisque c'est par là que vous allez commencer, quelle que soit la méthode que vous choisissez d'appliquer avec lui.

ENSEIGNER LE "ROULE" AVEC DES FRIANDISES

Munissez-vous de friandises et choisissez une pièce calme pour travailler l'exercice.

1. Placez-vous face à votre chien et demandez-lui de se coucher.
2. Dès qu'il est allongé, captez son attention avec une friandise et faites-la tourner autour de sa tête en passant d'une oreille à l'autre. Pour suivre la croquette, il va être obligé de tourner sur lui-même.
3. Lorsqu'il a fini sa première roulade, récompensez-le pour lui faire comprendre que c'est ce que vous attendiez.

4. Recommencez une dizaine de fois puis introduisez le mot "Roule" au moment de commencer l'action. À chaque réussite, n'oubliez pas de le récompenser.
5. Une fois cette étape bien comprise, il est temps de retirer progressivement les friandises jusqu'à ne plus en utiliser pour le guider à rouler.
6. Attirez son attention avec votre main, comme avant, mais sans friandise. Vous faites toujours le même mouvement autour de sa tête pour le guider, en disant "Roule". Lorsqu'il réussit, récompensez-le en lui donnant la friandise contenue dans votre seconde main.
7. Enfin, lorsqu'il a bien compris le tour, vous pouvez supprimer la friandise et rendre votre geste plus fluide.
8. Pour bien vérifier que votre compagnon a assimilé la commande, essayez de prononcer "Roule" sans faire le geste. Félicitez-le lorsqu'il y arrive. Dans le cas contraire, revenez aux étapes précédentes.

ENSEIGNER LE "ROULE" EN QUELQUES GESTES FACILES

Selon la taille du chien et sa capacité de compréhension, certaines méthodes sont plus ou moins efficaces. À vous de trouver celle qui lui correspond le mieux !

AVEC VOTRE BRAS SUR SON COU :

Dans cette méthode, une fois le chien couché et son attention captée, vous posez votre avant-bras sur son échine. De l'autre main, vous attrapez la patte avant qui est du côté de votre coude et vous la ramenez doucement vers l'autre côté pour faire pivoter le chien sur lui-même. Récompensez-le en le félicitant et en lui donnant une friandise.

L'impulsion vient complètement de vous. Au fur et à mesure, le chien va commencer à accompagner le geste avec vous. Tout en laissant votre bras sur son cou, effacez-vous de plus jusqu'à ce qu'il soit parfaitement à l'aise avec le mouvement. Pensez à ajouter le mot "Roule" pour qu'il comprenne l'ordre.

Ce n'est que lorsqu'il a compris la commande et commence à rouler de lui-même que vous allez pouvoir retirer complètement votre bras.

EN PASSANT PAR LE BAS DU DOS :

Une fois le chien couché, faites glisser une croquette de son oreille droite vers sa patte arrière gauche, ou l'inverse, pour l'obliger à se renverser sur le dos et à se retourner. Dites "Roule" à chaque fois qu'il le fait.

Recommencez jusqu'à ce qu'il ait compris et retirez peu à peu la friandise. À la fin, le chien doit pouvoir comprendre le geste de votre doigt tournant au-dessus de sa tête.

Et voilà, peu importe la méthode choisie, votre chien est maintenant capable de rouler sur lui-même !

CONSEILS SUPLEMENTAIRES

- La surface du sol peut contribuer à la réussite ou non de l'exercice. Certains chiens vont avoir du mal à rouler sur eux-mêmes sur du carrelage par exemple. Privilégiez une surface confortable pour votre toutou.
- Soyez patient : il arrive qu'un chien soit intimidé à l'idée de rouler sur lui-même. Prenez le temps de décomposer les étapes sur plusieurs jours : félicitez-le lorsqu'il réussit à se mettre sur le flanc, puis sur le dos et enfin lorsqu'il arrive à faire un tour complet.
- Évitez de frustrer votre toutou en lui imposant de longues séances d'apprentissage. Deux à trois séances de 5 à 10 minutes suffisent.

APPRENDRE A RAMPER

Vous êtes à la recherche d'un tour amusant ? Celui-ci va faire travailler la souplesse de votre chien ! Car oui, pour ramper, il faut être un peu souple ! Mais comment faire pour qu'il comprenne ce que vous attendez de lui ? Ce n'est pas très compliqué, on va voir ça par étape !

PREPARATION

Comme souvent pour les tours, il y a des prérequis. Pour que votre chien puisse ramper, il faut qu'il sache déjà se coucher sur commande. Se coucher fait partie des bases, donc très rapidement, votre chien devrait maîtriser cette position !

Pour aider votre chien à comprendre ce que vous attendez de lui, montrez-lui que vous avez prévu un petit sac de friandises spécialement conçues pour eux. C'est un point de départ qui lui permet de se concentrer sur vos mouvements et vos paroles.

Enfin, c'est un tour qui est plus facile pour les chiens de petite taille, mais les chiens plus grands peuvent aussi le réussir ! Si c'est possible, enseignez-le à votre chien quand il est encore jeune, sa petite taille l'aidera à réaliser le tour facilement et ensuite, vous n'aurez plus qu'à le pratiquer régulièrement pour qu'il ne l'oublie pas une fois sa taille adulte atteinte !

LES ETAPES POUR APPRENDRE A RAMPER

Pour apprendre à ramper à votre chien, on compte 4 étapes principales :

ÉTAPE 1 - ATTEINDRE LA FRIANDISE A PLAT VENTRE

1. Accroupissez-vous face à votre chien, à quelques centimètres de distance et demandez-lui de se coucher.
2. Montrez-lui votre friandise et placez-la au sol, sous son museau. Déplacez très doucement la récompense vers vous de sorte que votre chien cherche à l'attraper sans avoir à se relever. Il est primordial de ne pas vous brusquer : avancez lentement la friandise et gardez-la proche de sa gueule.
3. Si vous effectuez le mouvement correctement, il rampera pour obtenir la friandise. Félicitez-le même s'il n'avance que de quelques centimètres. Pour rappel, évitez de vous relever pour qu'il reste au sol.
4. Répétez plusieurs fois l'exercice jusqu'à ce qu'il comprenne ce que vous lui demandez.

Bon à savoir : s'il se relève, c'est peut-être parce que vous allez trop vite avec votre main. Recommencez l'exercice : demandez-lui à nouveau de se coucher et ralentissez la cadence en déplaçant la friandise. Pour simplifier encore plus l'exercice, récompensez-le lorsqu'il se couche pour qu'il associe cette position à sa gratification.

ÉTAPE 2 - ESPACER LES FRIANDISES

Après plusieurs répétitions, votre toutou va rapidement réaliser que l'action de ramper lui procure la récompense. Il faut maintenant tester l'exercice en espaçant peu à peu l'utilisation de friandises.

1. Restez accroupi face à lui. Placez la gourmandise dans votre seconde main et présentez-lui votre paume ouverte, sans friandise.

2. Éloignez la friandise doucement et laissez votre toutou parcourir une distance de quelques centimètres avant de le féliciter et de le récompenser avec l'autre main. Si votre chien se rue vers la main contenant la friandise, vous êtes allé trop vite. Reprenez les exercices de la première étape.
3. Continuez à vous entraîner avec lui jusqu'à ce qu'il accorde plus d'attention à la main sans friandise. Essayez de varier les récompenses : tantôt une friandise, tantôt de simples caresses.

ESPACE 3 - RAMPER SUR UNE PLUS GRANDE DISTANCE

Il est temps de corser l'exercice en augmentant la distance et en changeant de position.

1. Placez-vous debout à côté de votre chien couché, présentez-lui votre main vide et avancez très doucement, à son rythme. Il doit avancer à vos côtés en rampant. Parcourez ainsi un mètre ou deux et récompensez-le.
2. Recommencez cette étape plusieurs fois.

ÉTAPE 4 - UTILISER LE MOT "RAMPE"

Il est maintenant temps d'introduire la nouvelle commande. Lorsqu'il commence à se déplacer sur une plus grande distance, prononcez l'ordre "Rampe", pour qu'il associe le mot à l'action. Cette étape doit être répétée un certain nombre de fois. À chaque fois qu'il comprend et obéit, félicitez-le avec des paroles encourageantes et des caresses.

QUELQUES CONSEILS POUR FAIRE RAMPER VOTRE CHIEN

- Avant de commencer l'exercice, vérifiez que le sol n'est pas glissant. Un carrelage ou un sol en marbre risque de poser problème, il vaut mieux poser un tapis pour permettre au chien d'avancer correctement.
- N'oubliez pas d'encourager régulièrement votre chien lorsqu'il fait bien l'exercice, mais ne le punissez pas lorsqu'il n'y arrive pas. Il faut de la patience de part et d'autre, votre chien ne va pas comprendre ce que vous attendez immédiatement !
- Évitez de vous exciter ou d'être trop enthousiaste pour ne pas l'amener à se relever lorsque vous déplacez la friandise.
- Si votre toutou n'est pas trop motivé à ramper, optez pour une friandise plus appétante.

APPRENDRE A RECULER

Il est tout à fait possible d'apprendre à son chien à reculer. Ce petit tour peut être très pratique pour éviter qu'un chien ne devienne envahissant ou tout simplement dans le cadre d'un sport canin. Vous voulez savoir comment apprendre le recul ? Voici les astuces !

POURQUOI FAUT-IL APPRENDRE A RECULER ?

Au même titre que "Assis", "Couché" ou encore "Donne la patte", l'ordre de recul pour le chien est un tour amusant et assez sympa à enseigner. La bonne nouvelle ? C'est une technique que le chien apprend assez vite !

Il y a différents intérêts à éduquer son chien à reculer :

- Cela aide à ce que le chien n'empiète pas trop sur votre territoire.
- Cela peut être utile si le chien est embêtant ou insistant, notamment lors de l'arrivée d'invités.
- C'est un geste très basique et souvent utilisé en obéissance rythmée.

POUR L'EDUCATION CANINE, PENSEZ AU CLICKER !

Notre méthode est fondée sur le renforcement positif et l'utilisation du clicker (facultatif). Pour l'utiliser, il vous faudra :

- **Des friandises pour chien** : la friandise est une récompense qui montre à votre chien qu'il fait une bonne action et l'incite à apprendre plus rapidement.

- **Un clicker** : le clicker est un petit appareil qui émet un grand « click ». Il aide le chien à comprendre quand il effectue une bonne action. Vous trouverez un clicker dans la majorité des animaleries ou sur les sites spécialisés.

À savoir : l'utilisation d'un clicker vous permet d'apprendre de nombreux tours à votre toutou !

COMMENT LUI APPRENDRE LE RECUL ?

Nous vous proposons ici deux méthodes à suivre. Choisissez celle qui convient à votre compagnon à quatre pattes :

METHODE NATURELLE

Cette méthode implique que votre chien maîtrise déjà l'ordre "Assis". Munissez-vous d'une friandise et c'est parti !

1. Demandez à votre toutou de s'asseoir et positionnez-vous face à lui.
2. Avancez-vous lentement vers lui en vous penchant légèrement en avant. Par instinct, il aura tendance à reculer. Marquez tout de suite le comportement avec le clicker, donnez-lui la friandise et félicitez-le, même s'il ne fait que quelques centimètres en arrière.
3. Répétez l'exercice autant de fois que possible en augmentant progressivement la distance sur plusieurs jours. Introduisez également la commande "Recule" durant cette étape.

La première méthode peut ne pas convenir à certains chiens qui ont la bougeotte. Cette seconde technique est très efficace pour les cas les plus compliqués.

Étape 1 : aménagez l'espace

Pour commencer, il faut aménager une sorte de « couloir » d'obstacles, composé de meubles (chaise, tabourets) ou de cartons. Le but est de faire déplacer le chien entre les obstacles pour qu'il puisse reculer en ligne droite.

Le couloir doit être assez large, pour que le chien puisse passer sans problème, et assez étroit, pour limiter ses mouvements.

Étape 2 : débuter l'exercice

1. Pour commencer le travail, vous devez faire en sorte que le chien se situe entre deux obstacles. Utilisez une friandise pour l'amadouer et le placer là où vous souhaitez le positionner.
2. Une fois qu'il se tient entre les obstacles, restez debout face à lui et attendez qu'il recule. S'il ne recule pas, avancez un peu pour le pousser à reculer.
3. Une fois que le chien recule, faites un click et récompensez-le, puis revenez à votre position initiale. Félicitez et caressez le chien dès qu'il fait signe de reculer.

Étape 3 : apprenez l'ordre "Recule"

1. Une fois que le chien commence à comprendre l'exercice, associez l'utilisation du clicker à un ordre (par exemple, dites "Recule !").
2. Continuez de récompenser le chien jusqu'à ce qu'il commence à assimiler l'ordre et se mette à reculer spontanément quand vous lui demandez.
3. Retirez progressivement les obstacles jusqu'à ne plus en avoir besoin.

Conseil : comme tous les exercices, il faut travailler de manière régulière, sans passer des heures sur le même tour. Si votre chien ne s'amuse pas et sent que vous le forcez, il ne va pas apprendre correctement !

Étape 4 : intensifiez l'exercice

Une fois que le chien maîtrise l'ordre "Recule", continuez de travailler, cette fois-ci sans les obstacles. Le but est que votre chien continue de reculer en ligne droite, même s'il n'y a rien derrière lui.

Répétez souvent l'exercice, jusqu'à ce que le chien le comprenne parfaitement.

À terme, plus besoin d'utiliser le clicker ni les friandises. En revanche, pensez toujours à féliciter votre chien et à le caresser, en signe de votre contentement.

APPRENDRE A ETEINDRE LA LUMIERE

Apprendre est le meilleur moyen de rester jeune ! Demandez à votre chien, il vous dira sûrement qu'il voudrait apprendre et comprendre de nouveaux tours tous les jours. Une fois que vous lui avez appris tous les tours de base, comme le "Assis", "Pas bouger", "Au panier" ou "Au pied", vous risquez de manquer un peu d'inspiration... Heureusement, Mouss Le Chien a toujours de bonnes idées : enseignez-lui à éteindre les lumières !

LES PREREQUIS

Ce tour ne s'adresse pas à un chien débutant ! En effet, il demande une certaine précision et l'habitude d'apprendre. Pour obtenir de bons résultats, sachez qu'il est recommandé de ne jamais arrêter d'enseigner de nouveaux tours à votre chien. De cette manière, vous stimulez son intelligence et vous l'aidez à mieux comprendre son environnement.

Une activité intellectuelle, comme le sport, est un moyen de rester au top de ses capacités.

METHODES POUR APPRENDRE A ETEINDRE LES LUMIERES

Intuitif, le chien peut apprendre des tours fascinants. Et éteindre la lumière en fait partie ! Deux méthodes peuvent être entreprises pour lui enseigner cette commande, à vous de choisir celle qui vous convient. N'oubliez pas qu'on obtient de bien meilleurs résultats en se montrant encourageant et positif. Pour enseigner ce tour, l'éducation positive est vivement recommandée : des récompenses pour le comportement adapté, l'ignorance du comportement non souhaité et jamais de punition.

METHODE AVEC CLICKER

Le clicker vous aidera beaucoup pour obtenir rapidement un résultat précis et durable. En émettant un clic à chaque fois que votre chien prend une initiative qui était celle que vous attendiez, vous le poussez à prendre des décisions tout en restant attentif à votre réaction. C'est une attitude constructive et très motivante pour lui. On obtient des résultats surprenants avec cette technique.

Pour enseigner le tour avec cette méthode à votre chien, comptez environ une heure, avec au moins deux pauses. Si vous voyez qu'il a besoin de plus de temps, vous pouvez vous y reprendre à plusieurs fois, inutile d'insister trop, au risque de le démotiver.

SE CONCENTRER VERS LE MUR OU SE TROUVE L'INTERRUPTEUR

Placez-vous debout à côté de votre chien, proche du mur sur lequel se trouve l'interrupteur. À ce moment, votre chien ne sait pas du tout vers quoi vous voulez qu'il porte son attention. Il ne doit pas vous regarder. Vous devez l'encourager à porter son regard ailleurs. Laissez passer un peu de temps. Lorsque par hasard son regard va se diriger vers le mur, utilisez le clicker et récompensez-le. Au bout de plusieurs fois, il va comprendre que c'est vers le mur qu'il se passe quelque chose.

MONTRER L'INTERRUPTEUR

Lorsque la première étape est assurée, vous pouvez avancer. Attendez que son regard se dirige plus précisément vers l'interrupteur pour cliquer et le récompenser. À partir de ce moment, vous le récompensez uniquement lorsqu'il regarde l'interrupteur.

Assez rapidement, il va comprendre que c'est l'interrupteur qui est l'objectif.

TOUCHER L'INTERRUPTEUR

Comme pour l'étape précédente, lorsque l'interrupteur est bien identifié, arrêtez de le récompenser quand il le regarde, attendez qu'il le touche. Il va le toucher avec le museau et avec la patte. Dans un premier temps, vous cliquez et le récompensez dans les deux cas. C'est seulement une fois qu'il a bien compris qu'un contact était nécessaire que vous pouvez commencer à le récompenser seulement lorsqu'il le touche avec la patte.

ASSOCIER LE MOT "LUMIERE"

Enfin, vous pouvez cliquer et le récompenser lorsqu'il parvient à allumer ou à éteindre la lumière. S'il touche l'interrupteur sans résultat, ignorez son geste.

Une fois qu'il a fait le lien entre la récompense et le changement de la lampe, vous pouvez associer le mot "Lumière" à son geste.

Chacune de ces étapes peut prendre plus ou moins de temps selon les chiens. Ne perdez pas patience et faites des pauses si vous voyez qu'il fatigue !

METHODE AVEC POST-ITS

Vous aurez besoin de deux outils : des post-its et des friandises. Cette méthode implique que votre chien maîtrise déjà la commande "Touche".

1. Commencez par coller un post-it dans la paume de votre main et demandez-lui de le toucher. Récompensez-le dès qu'il s'exécute.
2. Répétez l'exercice en déplaçant le post-it sur d'autres surfaces : sol, porte, sous la table ou encore sur le mur.
3. Maintenant qu'il comprend le concept, placez une note sur l'interrupteur. Selon la taille du chien, vous pouvez lui proposer un tabouret pour l'aider.

4. Comme avec les autres surfaces, demandez-lui de toucher le post-it. Quand il le fait, introduisez la commande souhaitée (ex. : "Lumière").
5. Retirez ensuite le post-it et refaites l'exercice. Si votre chien ne bouge pas en entendant l'ordre "Lumière", revenez à l'étape précédente.
6. Dès que votre toutou exécute parfaitement l'ordre sans l'aide des post-its, vous allez pouvoir pratiquer sur les autres interrupteurs de la maison.

Bon à savoir :

- Respectez le rythme d'apprentissage de votre chien : dès que vous le sentez frustré, faites une pause.
- Tant que votre toutou ne maîtrise pas parfaitement une étape, évitez de passer à la suivante.
- Travaillez dans un environnement calme, sans stimuli, pour ne pas le déconcentrer.

APPRENDRE A RECONNAITRE LES OBJETS

Vous seriez surpris de la quantité d'informations qu'un chien peut apprendre ! Saviez-vous que l'éducation du chien peut lui permettre de reconnaître le nom de différents objets ? Vous avez toujours rêvé que votre chien vous ramène vos pantoufles ou encore le journal ? Eh bien, sachez que c'est possible !

UN CHIEN PEUT-IL RECONNAITRE LES NOMS D'OBJETS ?

Il est rare que des maîtres prennent le temps d'apprendre différents noms d'objets à leurs chiens. Pourtant, un toutou est tout à fait capable de reconnaître les noms de plusieurs objets.

Pour exemple, il y a des chances pour que votre chien sache parfaitement ce qu'est sa baballe. Eh bien, en pratiquant quelques techniques d'éducation, vous pourrez faire en sorte qu'il reconnaisse d'autres noms d'objets, voire qu'il vous les ramène...

Notez qu'il y a de nombreux intérêts à apprendre à votre chien les noms d'objets :

- Vous pouvez faire en sorte que votre chien vous ramène vos objets fétiches
- Vous stimulez l'intellect de votre chien
- Vous améliorez son obéissance
- Vous renforcez votre relation chien/maître

PREREQUIS ET PREPARATION

Comme pour beaucoup de tours, votre chien devra déjà maîtriser certaines commandes au préalable : ici, la maîtrise de l'ordre "Touche" est plus qu'appréciée.

Pour réussir l'exercice, vous aurez besoin de ces outils :

- Des friandises que votre chien affectionne
- Des jouets ou des objets de son quotidien

COMMENT APPRENDRE A RECONNAITRE LES OBJETS ?

Comme pour toutes les méthodes d'éducation canine, il va falloir vous armer de patience pour apprendre à votre chien différents noms d'objets.

Voici la méthode que nous recommandons pour aider votre toutou à mémoriser plusieurs noms d'objets :

1. INITIEZ VOTRE CHIEN A PLUSIEURS OBJETS

Pour commencer, il faudra prendre du temps pour que votre chien découvre différents objets. L'idéal est de commencer à travailler sur un seul objet (une balle, un doudou, un journal, etc.), de manière à faciliter l'opération.

Essayez de faire en sorte que votre chien s'approprie parfaitement l'objet, par exemple en utilisant l'ordre "Touche". Il vous faut alors dire "Touche la balle !" au moment de présenter une balle (ou un autre objet) à votre chien, pour qu'il la touche du museau. Pour cette étape, vous garderez toujours l'objet en main.

Prenez quelques minutes par jour pour que votre chien s'intéresse à l'objet, en prenant soin de répéter plusieurs fois le nom de l'objet.

Après un certain temps, remplacez l'ordre "Touche + nom de l'objet !" par le simple nom de l'objet. Quand votre chien touche le bon objet, félicitez-le à l'aide de friandises et de caresses.

Faites en sorte que votre chien apprenne ainsi le nom de deux à trois objets au cours de plusieurs jours.

2. INCITEZ VOTRE CHIEN A ALLER CHERCHER L'OBJET

Une fois que votre toutou connaît le nom d'un ou plusieurs objets, il va falloir complexifier l'opération.

Cette fois-ci, vous n'allez plus garder l'objet en main, mais le laisser à proximité de vous.

Il faudra alors dire le nom de l'objet et vérifier la réaction de votre chien. S'il va toucher l'objet approprié ou le prend en bouche, félicitez-le.

Répétez cette opération une à deux fois par jour et en utilisant les différents objets que votre chien connaît. Vous pouvez répéter l'exercice jusqu'à ce que votre chien touche systématiquement l'objet approprié.

3. MELEZ LES OBJETS QUE VOTRE CHIEN CONNAIT

Une fois que votre chien maîtrise bien l'exercice précédent, c'est le moment de passer à l'étape suivante. Cette fois-ci, vous allez mélanger les objets que votre chien connaît, pour être certain qu'il arrive à les différencier.

Pour cela, vous poserez deux des objets qu'il connaît au sol (sans trop les coller), en lui rappelant le nom de chaque objet. L'exercice est de faire en sorte que votre chien touche le bon objet quand vous dites son nom.

Alternez alors les noms d'objets qu'il connaît et félicitez-le quand il touche le bon objet. Au départ, pour faciliter les choses, vous pouvez indiquer le bon objet à l'aide du doigt, voire le garder en main.

4. COMPLEXIFIEZ L'OPERATION

Votre chien arrive bien à reconnaître et différencier plusieurs objets ? Dans ce cas, libre à vous de retenter l'exercice précédent avec trois objets ou plus.

Avec le temps, vous pouvez essayer d'éloigner les objets pour voir si votre chien va les chercher. Vous pouvez également associer le nom des objets avec l'ordre "Rapporte" pour apprendre à votre chien à ramener les différents objets.

Naturellement, gardez en tête que cet exercice nécessite de la patience et du temps. Il est inutile d'ennuyer votre chien pendant des heures avec ce type d'exercices. Mieux vaut effectuer chaque jour quelques minutes d'exercice, pour aider votre chien à mieux mémoriser et surtout à s'amuser.

APPRENDRE A RANGER SES JOUETS

Il pleut ? Votre chien tourne en rond et vous cherchez un nouveau tour à lui apprendre ? Profitez-en pour allier l'utile à l'agréable ! Après avoir bien joué avec lui, vous en avez peut-être marre de ranger ses jouets ou de marcher dessus ? Et si c'était lui désormais qui rangeait ses jouets ? Voici quelques conseils pour apprendre à votre chien à ranger ses jouets !

LES PREREQUIS

Ce tour doit logiquement venir après d'autres, plus simples. Pour ranger ses jouets, le chien doit faire appel à des connaissances déjà sophistiquées, comme les distinguer d'autres objets présents dans la pièce, les prendre dans sa gueule (mais pas pour jouer, cette fois) et les rapporter dans un bac prévu à cet effet. Votre compagnon à quatre pattes doit également être à l'aise avec le rappel et revenir vers vous lorsque vous l'appelez.

Si vous souhaitez apprendre à votre compagnon à ranger ses jouets, il devrait déjà savoir rapporter et maîtriser les commandes suivantes : "Va chercher", "Rapporte" et "Donne".

LES ETAPES POUR APPRENDRE A RANGER SES JOUETS

Simple en apparence, ce tour vous demande de vous armer de patience, car plusieurs étapes peuvent troubler votre chien et prendre plus de temps que vous ne pensiez. On parle ici de plusieurs jours, pour ne pas dire semaines !

Pour réussir ce tour, installez-vous dans une pièce calme, sans distraction. Vous aurez besoin de ces outils :

- Une caisse de rangement ou un panier assez large pour contenir tous les jouets de votre toutou.
- Des friandises pour le motiver !
- Plusieurs jouets de différentes tailles et formes éparpillés dans la salle.

ÉTAPE 1 : APPRENDRE A POSER UN OBJET A UN ENDROIT SPECIFIQUE

Si vous avez bien suivi notre article sur l'apprentissage du rapport d'objet, votre toutou devrait pouvoir réagir aux commandes "Va chercher" ou "Rapporte" et à l'ordre "Donne". Pour rappel, l'objectif de l'ordre "Donne" est de pousser le chien à déposer ce qu'il a dans sa gueule dans votre main. Dans cette étape, nous allons corser l'exercice. Votre compagnon ne devra plus remettre l'objet dans votre main, mais à un lieu précis. Et pour bien différencier les deux commandes, nous allons introduire un nouvel ordre : "Pose" ou "Lâche". Peu importe les mots choisis, l'essentiel est de ne pas en changer en cours de route.

Comme toujours, munissez-vous d'une friandise alléchante et d'un jouet.

1. Commencez par vous amuser avec votre ami canidé avec l'un de ses jouets préférés.
2. Présentez-lui la gourmandise et dites-lui "Lâche" ou "Pose". Dès qu'il lâche son jouet à terre pour aller récupérer sa récompense, félicitez-le et donnez-lui la friandise. Recommencez plusieurs fois l'exercice pour qu'il puisse saisir le concept. Avec le temps, vous allez pouvoir limiter peu à peu les gourmandises.
3. Pour bien différencier la nouvelle commande de l'ordre "Donne", éloignez-vous progressivement de votre compagnon et demandez-lui de lâcher l'objet. Si votre chien revient vers vous pour déposer le jouet, c'est qu'il n'a pas encore compris l'enjeu de l'exercice. Reprenez les étapes précédentes.
4. Ne passez à l'étape suivante que lorsqu'il déposera son jouet à terre en entendant la commande "Lâche", même à distance.

5. Pour préparer votre compagnon à l'étape la plus difficile, enchaînez à la suite les commandes "Va chercher", "Donne" et "Lâche" afin qu'il puisse bien réaliser les distinctions. Il est primordial de consacrer quelques jours à l'enchaînement de ces trois ordres avant d'entamer la suite.

> **Bon à savoir** : même sans friandises, continuez à féliciter votre chien avec des caresses et des mots d'encouragement.

ÉTAPE 2 : MAITRISE DE LA COMMANDE "PRENDS"

1. Choisissez un jouet stimulant pour votre toutou.
2. Dès que vous avez trouvé le jeu idéal, présentez-le au chien en veillant à bien l'exciter avec. Il doit absolument avoir envie de l'attraper dans sa gueule.
3. Puis, avant qu'il ne touche le jouet, dites "Prends". Ne tardez surtout pas à le récompenser. Renouvelez l'exercice jusqu'à ce que votre toutou réagisse parfaitement à l'ordre donné.
4. Avant de passer à l'étape la plus difficile, alternez entre les différentes commandes nécessaires pour la suite : "Donne", "Lâche" et "Prends".

ÉTAPE 3 : MAITRISE DE LA COMMANDE "RANGE TES JOUETS" OU "RANGE"

Réussir cette étape implique de la décomposer au maximum. Soyez patient et n'oubliez pas d'encourager votre chien avec des friandises. Pour cet exercice, privilégiez des jouets sonores munis d'un grelot.

1. Asseyez-vous près d'une caisse de rangement et laissez plusieurs jouets autour de la caisse en question. Tous les objets sur le sol doivent être accessibles à portée de main.
2. Touchez l'un des jouets et prononcez la commande "Prends".

3. Dès que c'est fait, placez une friandise dans votre main et à l'aide de la gourmandise, guidez lentement le chien vers la caisse de rangement. Faites en sorte que sa gueule se trouve parfaitement au-dessus de la caisse.
4. Puis, demandez-lui d'exécuter l'ordre "Lâche". Récompensez-le avec entrain dès que le jouet finit dans le fond de la caisse. Pratiquez l'enchaînement "Prends" et "Lâche" plusieurs fois avec les autres objets placés à terre.
5. Répétez autant que possible cette série de commandes jusqu'à ce que le chien les exécute sans hésitation.
6. Travaillez ensuite l'exercice en éloignant progressivement les jouets de la caisse de rangement. Si vous avez effectué les étapes lentement, votre compagnon devrait venir déposer le jouet directement dans la caisse, suite à la commande "Prends". Dans le cas contraire, aidez-le un peu : placez-vous près du jouet (placé plus loin de la caisse) et toujours à l'aide d'une gâterie, accompagnez votre chien jusqu'au lieu choisi.
7. Ce n'est qu'après l'exercice précédent que vous allez pouvoir introduire l'ordre "Range". Dès que le jouet atteint le fond de la caisse, prononcez la commande "Range" et donnez-lui la friandise. **Voilà pourquoi le choix du jouet est essentiel** : votre chien doit absolument associer le son qu'émet le jouet en atteignant le fond de la caisse avec l'ordre donné. Ainsi, il comprendra que la commande correspond au fait de déposer un objet dans la caisse de rangement.
8. Continuez l'exercice en le récompensant seulement lorsqu'il aura enchaîné avec deux jouets à la suite, puis 3 et finalement seulement lorsqu'il aura rangé tous les jouets de la pièce. Naturellement, cette étape prendra du temps. Respectez le rythme d'apprentissage de votre chien et ne le brusquez pas.
9. À terme, votre compagnon devrait automatiquement ranger les jouets se trouvant dans la pièce en entendant l'ordre "Range".

ÉTAPE 4 : COMPLIQUEZ L'EXERCICE

Lorsque votre compagnon à quatre pattes aura maîtrisé toutes les étapes, vous allez pouvoir rendre l'exercice encore plus difficile.

1. Augmentez progressivement la distance en éloignant la caisse de rangement.
2. Travaillez avec des stimuli dans la pièce.
3. Apprenez-lui à distinguer ses jouets d'autres objets : en lui enseignant le nom de ses jouets, vous allez pouvoir lui demander de ranger un objet en particulier (ex. : range la balle). Pour apprendre le nom d'un objet à votre toutou, il vous suffit de répéter régulièrement le mot quand il saisit l'objet en prononçant le nom choisi.

CONSEILS SUPPLEMENTAIRES

- Chaque fois qu'une nouvelle étape n'est pas comprise, il faut revenir à l'étape précédente et la consolider. C'est le meilleur moyen de créer un lien logique qui permettra à votre chien de surmonter l'étape qui le bloque.
- Il arrive que le chien, trop excité par tous les jouets dans la pièce, se déconcentre. Vous pouvez en profiter pour rendre la séance plus ludique en jouant un peu avec lui entre deux séances de travail. Sinon, s'il déborde trop, il vaut mieux arrêter et reprendre plus tard pour ne pas le frustrer.
- Le choix des outils est très important pour faciliter l'exercice : optez toujours pour des friandises et des jouets attrayants.
- L'apprentissage de ce tour nécessite plus ou moins de temps selon le chien : ne torturez pas votre toutou en lui imposant de longues séances d'apprentissage. On vous recommande trois à quatre séances de 10 minutes maximum par jour.

APPRENDRE A OUVRIR ET FERMER LES PORTES

Marre de devoir vous lever du canapé pour jouer le portier à chaque fois que votre toutou veut aller dans le jardin ? Vous êtes fatigué de l'entendre gémir et gratter aux portes alors que vous êtes visiblement occupé ? Nous avons la solution pour vous : apprenez-lui à fermer et ouvrir les portes. Eh oui, c'est possible ! Pratique pour vous comme pour votre compagnon à quatre pattes, ce tour est un petit plus qui fera du bien dans votre quotidien.

ATTENTION

Avant de vous lancer à corps perdu dans l'apprentissage de ce tour, pesez d'abord le pour et le contre. S'il peut être très pratique de lui enseigner à ouvrir et à refermer les portes, n'oubliez pas que c'est à double tranchant :

Personne n'a envie de revenir du travail avec la porte du garde-manger ouverte, des emballages de nourriture déchiquetés sur le sol et tout le stock de croquettes épuisé.

Si vous vous décidez à apprendre ce tour à votre chien, pensez à bien sécuriser votre domicile pour éviter qu'il n'ait accès à des produits dangereux pour lui ou qu'il ne fugue.

APPRENDRE A SON CHIEN A OUVRIR UNE PORTE

Voici la méthode à connaître pour lui apprendre à ouvrir une porte. Il vous faudra pour cela un torchon (que vous êtes prêts à sacrifier !), un clicker et des friandises pour chiens.

Suivez bien les étapes suivantes :

1. JOUER AVEC LE TORCHON

Le torchon sera la pièce centrale de cette technique. Pour commencer, il faudra faire en sorte que votre chien s'amuse avec le torchon. Incitez-le à jouer avec comme s'il s'agissait d'un doudou et faites-lui comprendre que ce morceau de tissu est plein d'intérêt !

2. ATTACHER LE TORCHON A UNE POIGNEE

À présent que votre chien s'amuse avec le torchon, vous allez attacher ce dernier à la poignée d'une armoire (ou à la poignée d'un tiroir). Faites en sorte de l'accrocher sur une poignée dont le niveau est à la hauteur de votre chien, pour qu'il y ait facilement accès. Votre but est d'inciter votre compagnon à prendre le tissu dans sa gueule pour pouvoir ouvrir la porte du tiroir ou de l'armoire.

Votre chien doit continuer à accorder de l'intérêt au torchon et à s'en approcher. Pensez à marquer le geste au clicker et à le récompenser d'une friandise dès qu'il le fait. Évitez donc de le récompenser lorsqu'il s'en éloigne.

En patientant un peu (la durée peut être plus ou moins longue selon le chien), votre toutou va se retrouver avec le torchon dans la gueule. Félicitez-le alors uniquement lorsqu'il mord le torchon, même si ce n'est que pendant une seconde.

Bon à savoir : si vous n'avez pas de clicker, vous pouvez également utiliser un sifflet ou un autre outil capable d'émettre un son précis pour féliciter votre toutou.

3. APPRENDRE A OUVRIR DES PORTES A UN CHIEN

À présent, vous allez rendre l'exercice plus difficile en ne récompensant votre chien que lorsque la porte de l'armoire ou le tiroir bouge. Cette technique va faire progressivement comprendre à votre animal qu'il doit tirer sur le torchon.

Soyez de plus en plus « radin » au moment de féliciter votre toutou. À terme, il faut le féliciter uniquement quand il parvient à ouvrir la porte ou le tiroir.

4. CORSER LE TOUT

Une fois que votre chien maîtrise bien l'exercice, vous pouvez corser le tout en lui faisant ouvrir des portes de différentes hauteur ou taille. C'est également le bon moment pour introduire la commande que vous souhaitez (ex. : "Ouvre la porte" ou "Ouvre"). Répétez plusieurs fois l'exercice pour qu'il puisse associer le geste à l'ordre. Continuez toujours à le récompenser en veillant à espacer les friandises jusqu'à ne plus en donner du tout.

Bon à savoir : certaines portes sont difficiles, voire impossibles à ouvrir pour nos toutous (ex. : porte à poignée). Il vaut mieux s'entraîner sur des portes qu'il peut déplacer avec ses pattes pour ne pas le frustrer.

APPRENDRE A SON CHIEN A FERMER UNE PORTE

Il est encore plus pratique d'apprendre à son chien à fermer des portes ! En effet, cela permettra à votre chien de passer derrière vous si vous oubliez de les fermer.

La technique d'apprentissage de la fermeture des portes diffère légèrement de celle pour les ouvrir :

1. ENTRAINEZ-VOUS SUR UN TIROIR

Ici, plus besoin de torchon ! Il vous suffit d'ouvrir un tiroir, de préférence à la hauteur de votre chien. Idéalement, vous pouvez travailler avec le tiroir qu'il a appris à ouvrir.

Cette fois-ci, vous allez récompenser votre compagnon dès qu'il touche le tiroir avec sa patte : renforcez le geste à l'aide du clicker et encouragez-le avec des friandises. Récompensez-le dès que le tiroir bouge et félicitez-le plus encore lorsqu'il parvient à fermer le tiroir. N'hésitez pas à utiliser l'ordre "Ferme la porte" pour qu'il l'associe à ce geste.

Une fois l'exercice maîtrisé, faites la même technique sur un tiroir plus haut, pour forcer votre chien à se mettre sur ses pattes arrière.

2. APPRENEZ A UN CHIEN A FERMER LA PORTE

Une fois l'exercice du tiroir maîtrisé, vous allez pouvoir passer sur les portes. En utilisant l'ordre que vous avez inventé, faites en sorte d'entraîner votre chien à fermer la porte.

Comme précédemment, félicitez-le au début dès qu'il touche la porte, puis réservez vos récompenses uniquement quand la porte est bien fermée.

Voilà ! Votre toutou sait à présent ouvrir et fermer les portes !

APPRENDRE A FAIRE LE MORT

Apprendre à son chien à faire des tours est un bon moyen de travailler son éducation et de renforcer vos liens. Un ordre qui amuse de nombreux maîtres est le classique "Fais le mort", très courant quand il s'agit d'éduquer son chien. Si vous avez toujours rêvé d'apprendre ce tour à votre animal, nous allons vous expliquer comment enseigner à un chien à faire le mort. C'est le moment de prendre des notes !

QUE FAIRE AVANT D'EDUQUER SON CHIEN A FAIRE LE MORT ?

L'objectif est que votre toutou se couche sur le flanc, sur commande, tout en restant immobile. Voilà pourquoi il est essentiel de lui apprendre des ordres élémentaires pour faciliter l'apprentissage de cette commande : "Assis", "Debout", "Couché" ainsi que le "Pas bouger". Commencez donc par travailler les bases avant de vous essayer à la méthode que nous vous présentons ici.

COMMENT APPRENDRE A SON CHIEN A FAIRE LE MORT ?

Une fois que votre chien a appris les bases de l'éducation du chiot, il est temps de lui apprendre à faire le mort ! En théorie, on peut apprendre ce tour à un chien qui a un peu moins d'un an. Il est également possible de l'enseigner à un chien adulte, si ce dernier est déjà bien éduqué. Voici les différentes étapes à suivre pour éduquer son chien à faire le mort :

1) FAIRE COUCHER LE CHIEN SUR LE FLANC

1. Demandez à votre chien de se coucher et accroupissez-vous près de lui.
2. À l'aide d'une friandise, guidez la tête de votre toutou en faisant un mouvement de sa gueule vers le milieu de son corps, et à nouveau vers sa gueule. Si le geste est exécuté lentement et correctement, votre chien devrait se trouver sur le côté, la tête posée à terre. Récompensez-le dès qu'il s'exécute.
3. Répétez plusieurs fois le mouvement pour que le chien puisse comprendre le but de l'exercice. Continuez à le récompenser pour le motiver.

Bon à savoir : durant les premières semaines, votre chien aura tendance à gigoter une fois à terre ou à ne pas poser la tête sur le sol. Voilà pourquoi il est important de lui donner une friandise seulement lorsque sa tête se trouve à terre.

2) LAISSER VOTRE CHIEN SUR LE FLANC

1. Une fois que vous arrivez à mettre votre chien sur le flanc, utilisez l'ordre "Pas bouger !" pour qu'il reste dans cette position.
2. Quand il est immobile, levez-vous lentement et essayez de le faire tenir quelques secondes dans cette position, puis félicitez-le. Au départ, votre chien risque de bouger dès que vous vous lèverez.
3. Commencez par le faire tenir quelques secondes et augmentez la durée progressivement. Inutile de vous presser, laissez le temps au chien d'apprendre à son rythme.

3) APPRENDRE L'ORDRE "FAIS LE MORT"

Une fois que votre chien maîtrise bien cet exercice, vous allez enfin lui apprendre l'ordre qui lui est associé.

Certains diront "Fais le mort", d'autres "Pan !" ou encore "Bang !". À vous de voir ! L'idéal est d'associer un geste à cet ordre. Le grand classique est de pointer un pistolet imaginaire sur votre chien. Le but est d'associer cet ordre à la récompense dans l'esprit de votre chien.

Recommencez l'exercice en introduisant la nouvelle commande. Il est également temps d'espacer les friandises jusqu'à ne plus en donner du tout. Vous pourrez les remplacer par de simples caresses ou des encouragements.

4) APPROFONDISSEZ L'EXERCICE

Continuez à entraîner votre chien à faire le mort. Il sera indispensable que votre chien comprenne parfaitement l'ordre et le geste.

À terme, vous n'aurez plus besoin d'être accroupi pour que votre chien se couche sur le flanc. L'ordre doit ainsi fonctionner quand vous êtes debout. De même, il va falloir pousser votre chien à effectuer l'exercice quand il est assis ou debout et non pas seulement quand il est allongé.

Faites également en sorte d'exécuter cet exercice dans différents lieux, pour que le chien ne se contente pas de l'effectuer là où il a appris le tour.

Conseils et astuces :

- Commencez à travailler dans une pièce calme et sans distraction.
- Décomposez au maximum l'exercice si vous sentez que votre chien est perdu.

- Pour le pousser à effectuer tout le geste en une seule fois, récompensez-le davantage (par exemple avec une plus grande friandise et plus de caresses et de cris d'encouragements) lorsqu'il entame une exécution parfaite.

APPRENDRE A FAIRE LE BEAU

Y a-t-il tour plus amusant à apprendre que de faire le beau ? Un chien qui fait le beau n'aura aucun mal à amuser vos invités et vos proches. Pratiquer cet exercice est d'ailleurs très amusant et vous permettra de renforcer votre relation avec votre chien.

ÉDUCATION ET JEUX : LA MEME CHOSE ?

Éduquer son chien, c'est avant tout s'amuser avec lui ! Et pour cause, les chiens n'apprennent jamais autant que lorsqu'ils s'amusent. Si vous arrivez à mêler l'éducation avec le jeu, vous avez tout bon ! Voilà pourquoi on peut apprendre à son chien à faire le beau via des jeux !

Attention : le but de cette commande est de réussir à ce que votre toutou se tienne sur ses pattes arrière, le dos bien droit. Il faut savoir que tous les chiens n'en sont pas capables. Certaines races, à cause de leur morphologie, ne peuvent garder cette posture. "Faire le beau" peut d'ailleurs être risqué, voire impossible pour les chiens au corps allongé (ex. : Welsh Corgie, Teckel) qui sont sujet aux problèmes vertébraux. Nous vous recommandons d'aller voir votre vétérinaire pour vous assurer que votre chien peut exécuter, sans danger, ce tour. A contrario, les races de chiens musclés et actifs ont une plus grande facilité à exécuter cette commande.

COMMENT APPRENDRE A SON CHIEN A FAIRE LE BEAU ?

Aujourd'hui, je vais vous expliquer comment jouer avec votre chien pour qu'il fasse le beau. Enseigner à votre chien n'est pas difficile... pour peu que vous ayez une bonne méthode et BEAUCOUP de patience !

Prérequis et outils : ce tour suppose que votre chien connaisse déjà la commande "Assis". Vous aurez besoin d'un outil motivant pour encourager votre toutou : des friandises ou son jouet préféré. Voici les étapes à suivre pour que votre chien fasse le beau :

1. Choisissez une pièce calme, sans distraction, et demandez à votre chien de s'asseoir.
2. Placez-vous à son niveau en vous accroupissant face à lui.
3. Déplacez la friandise ou le jouet juste au-dessus de la tête de votre chien en faisant un mouvement lent de sa truffe vers le haut. Votre toutou voudra suivre la récompense et devra lever les pattes pour l'attraper. Récompensez votre chien dès qu'il décolle les pattes du sol. Si vous travaillez au clicker, vous pouvez bien évidemment marquer et renforcer les comportements souhaités.
4. Répétez plusieurs fois l'exercice en faisant en sorte d'éloigner toujours plus la récompense vers le haut. Naturellement, il faudra continuer à le féliciter, de manière à ce qu'il associe son attitude à la gratification.

L'arrière-train de votre chien doit rester immobile : ne le récompensez surtout pas s'il lève les pattes arrière. Ignorez son geste et recommencez tout simplement l'exercice.

5. Il est maintenant temps de retirer petit à petit le leurre : refaites le mouvement en plaçant la friandise ou le jouet dans l'autre main placée au sol. S'il a tendance à aller chercher la récompense au lieu de suivre le mouvement, c'est que vous êtes allé trop vite. Reprenez l'étape précédente.
6. Dès que le chien a maîtrisé le concept, il est temps d'introduire l'ordre "Fais le beau" en effectuant le mouvement. Répétez encore plusieurs fois le geste accompagné de la nouvelle commande pour qu'il puisse en faire l'association.

Voilà, vous avez toutes les étapes nécessaires pour réussir ce tour. Naturellement, vous allez devoir répéter cet exercice tous les jours. Plus vous le pratiquez et plus votre chien doit être capable de rester en équilibre. Bien sûr, ce n'est pas une raison pour forcer votre animal à faire cet exercice trois heures par jour.

Friandise ou pas, pensez systématiquement à caresser et féliciter votre chien dès qu'il fait le beau. Répétez l'exercice trois à cinq fois par jour avec des séances ne dépassant pas plus de 10 minutes à chaque fois. Après quelques semaines d'exercice, il devrait être capable de réussir ce tour sans même que vous n'ayez besoin d'une friandise.

Conseils pour débuter en douceur :

- Commencez à travailler dans une pièce calme pour que le chien puisse se concentrer complètement sur vous.
- Soyez patient et prenez le temps qu'il faut pour réaliser chaque étape correctement. Chaque toutou à son rythme.
- Pour éviter de le frustrer, les séances ne doivent jamais dépasser plus de 15 minutes. S'il commence à se dissiper, faites tout de suite une pause en veillant à clore la séance sur une note positive : demandez-lui d'exécuter une commande qu'il maîtrise (ex. : "Assis", "Couché", "Donne la patte").

> **Bon à savoir** : si le chien est peu musclé, il aura besoin de votre aide pour tenir en équilibre au départ. Aidez-le en lui mettant votre second bras à l'horizontale devant lui afin qu'il puisse y déposer les pattes. Félicitez-le uniquement lorsqu'il tient en équilibre seul, même si cela ne dure que quelques secondes.

APPRENDRE A FAIRE LE GRAND BEAU A SON CHIEN

Vous n'en avez pas encore assez ? Si vous souhaitez découvrir un nouveau tour pour chien, pourquoi ne pas lui apprendre le "Grand beau" ou la "Grande belle" ?

Qu'est-ce que c'est ? Tout simplement un "Fais le beau" amélioré, lors duquel votre chien va rester debout sur ses pattes arrière.

Pour cet exercice, il faudra en premier lieu que votre chien maîtrise parfaitement le "Fais le beau".

L'entraînement est simple :

1. Dites "Fais le beau" à votre chien.
2. Tenez une friandise au-dessus de sa gueule, alors qu'il fait le beau.
3. Guidez votre chien à passer de la position assise avec les pattes levées à la position debout sur ses pattes arrière pour attraper la friandise.
4. Donnez l'ordre que vous souhaitez au moment où il l'attrape et récompensez-le.

Une fois encore, il va falloir effectuer cet exercice plusieurs fois pour que votre chien le maîtrise complètement.

Et maintenant...

Nous espérons de tout cœur que cet ouvrage vous a inspiré et vous a permis de vous rapprocher de votre Epagneul Breton.

Vous avez à présent toutes les clefs pour construire et entretenir une relation de confiance avec votre chien. Vous êtes aussi en capacité de comprendre ses réactions récurrentes et de rectifier ses comportements gênants.

Les nombreux tours proposés sont autant de possibilités pour vous d'entretenir la complicité que vous avez avec votre compagnon.

N'hésitez pas à garder ce manuel de conseils à portée de main, pour vous amuser avec votre Epagneul Breton au quotidien.

Ne le rangez pas dans un carton, il pourrait bien vous être utile dans un avenir très proche !

Si ce livre vous a plu et que vous souhaitez nous aider à le faire connaître, vous pouvez nous écrire un gentil commentaire sur le site internet du marchand qui vous a fourni l'ouvrage.

Si vous avez une remarque ou une question, n'hésitez pas à nous contacter à l'adresse email : info@mouss-le-chien.com avec en objet : **« Remarque lecteur : Livre Epagneul Breton »**. *Nous pourrons alors retravailler notre guide pour apporter des informations supplémentaires dans une prochaine réédition.*

Merci pour tout,

L'équipe de Mouss Le Chien

CARRE MOVA Edition
574 avenue Adolphe Alphand,
34080 Montpellier
SIREN : 849 982 574

Printed by Amazon Italia Logistica S.r.l.
Torrazza Piemonte (TO), Italy

34185241R00176